Michèle Babst / Martin Kayser
Staatsrecht

Michèle Babst / Martin Kayser

Übungsbuch Staatsrecht

Repetitionsfragen, Übungsfälle und
bundesgerichtliche Leitentscheide

orell füssli Verlag

1. Auflage 2015
© 2015 Orell Füssli Verlag AG, Zürich
www.ofv.ch
Alle Rechte vorbehalten

Dieses Werk ist urheberrechtlich geschützt. Dadurch begründete Rechte, insbesondere der Übersetzung, des Nachdrucks, des Vortrags, der Entnahme von Abbildungen und Tabellen, der Funksendung, der Mikroverfilmung oder der Vervielfältigung auf andern Wegen und der Speicherung in Datenverarbeitungsanlagen, bleiben, auch bei nur auszugsweiser Verwertung, vorbehalten. Vervielfältigungen des Werkes oder von Teilen des Werkes sind auch im Einzelfall nur in den Grenzen der gesetzlichen Bestimmungen des Urheberrechtsgesetzes in der jeweils geltenden Fassung zulässig. Sie sind grundsätzlich vergütungspflichtig. Zuwiderhandlungen werden straf- und zivilrechtlich verfolgt.

Druck: fgb • freiburger graphische betriebe, Freiburg

ISBN 978-3-280-07317-9

Bibliografische Information der Deutschen Nationalbibliothek: Die Deutsche Nationalbibliothek verzeichnet diese Publikation in der Deutschen Nationalbibliografie; detaillierte bibliografische Daten sind im Internet unter: http://dnb.d-nb.de abrufbar.

Vorwort

Die Übungsbände Recht ergänzen die Reihe Repetitorien Recht; sie sind inhaltlich jeweils gleich gegliedert. Durch die Kombination beider Bände kann der Stoff bei Bedarf kapitelweise vertieft oder bei Unsicherheiten nochmals grundlegend erarbeitet werden. Die Übungsbände ergänzen die Repetitorien in zweierlei Hinsicht:

- Noch mehr Fragen und Übungsfälle, die auf die Fragestellungen der Repetitorien aufbauen und diese ergänzen. Die Repetitorien konzentrieren sich auf eine kurze inhaltliche Darstellung des Themas; die Übungsbände dienen der Festigung und Vertiefung des Gelernten.

- Weitere Bundesgerichtsentscheide, insbesondere Leitentscheide, die in der zusammengefassten Abhandlung des Repetitoriums weggelassen worden sind, deren Kenntnis aber trotzdem prüfungsrelevant sein kann.

Das Übungsbuch umfasst das Staatsorganisationsrecht, den nationalen und internationalen Grundrechtsschutz sowie die Grundzüge des Allgemeinen Staatsrechts. An den Universitäten werden diese Themenbereiche oft auf zwei, manchmal auch drei Vorlesungen aufgeteilt. Geprüft werden sie dagegen jeweils meist zusammen, was unter anderem auch daran liegt, dass trennscharfe Abgrenzungen meist gar nicht möglich sind. Bei der Konzeption des vorliegenden Bands zum Staatsrecht haben wir uns konsequent am Stoff der Prüfungen an Deutschschweizer Universitäten orientiert. Besonderes Augenmerk legten wir auf «Klassiker», Prüfungsfälle also, die in abgewandelter Form ständig wiederverwendet werden, ebenso auf grundlegende Fragestellungen.

Für den Inhalt des vorliegenden Übungsbuchs sind beide Verfasser in gleichem Mass verantwortlich. Wir möchten uns an dieser Stelle sehr herzlich bei unseren Studierenden bedanken. Ihr Interesse, ihr stetes Nachfragen und ihre Fähigkeit, die Dinge grundlegend infrage zu stellen, inspirieren uns stets aufs Neue.

Für Anregungen danken wir Ihnen bereits jetzt. Sie erreichen uns unter:
mbabst@gmx.ch bzw. kayser@publiclaw.ch.

Inhaltsverzeichnis

Vorwort	5
Inhaltsverzeichnis	7
Abkürzungsverzeichnis	9
Literaturverzeichnis	12
1. Teil Grundlagen	**13**
A. Repetitionsfragen	13
B. Übungsfälle	15
C. Leitentscheide	17
2. Teil Bundesstaat	**24**
A. Repetitionsfragen	24
B. Übungsfälle	26
C. Leitentscheide	30
3. Teil Rechtsetzung	**35**
A. Repetitionsfragen	35
B. Übungsfälle	37
C. Leitentscheide	40
4. Teil Bundesbehörden	**45**
A. Repetitionsfragen	45
B. Übungsfälle	47
C. Leitentscheide	51
5. Teil Grundrechte	**57**
A. Repetitionsfragen	57
B. Übungsfälle	62
C. Leitentscheide	69

Lösungen **85**

A. Lösungen zum 1. Teil: Grundlagen 85
B. Lösungen zum 2. Teil: Bundesstaat 97
C. Lösungen zum 3. Teil: Rechtsetzung 108
D. Lösungen zum 4. Teil: Bundesbehörden 122
E. Lösungen zum 5. Teil: Grundrechte 139

Abkürzungsverzeichnis

a.M.	anderer Meinung
Abs.	Absatz
AJP	Aktuelle Juristische Praxis (Lachen)
Art.	Artikel
Aufl.	Auflage
BBl	Bundesblatt
BGE	in der amtlichen Sammlung publizierter Entscheid des Schweizerischen Bundesgerichts
BGer	Bundesgericht
BGG	Bundesgesetz vom 17. Juni 2005 über das Bundesgericht (Bundesgerichtsgesetz, SR 173.110)
BPR	Bundesgesetz vom 17. Dezember 1976 über die politischen Rechte (SR 161.1)
Bst.	Buchstabe
BüG	Bundesgesetz vom 29. September 1952 über Erwerb und Verlust des Schweizer Bürgerrechts (SR 141.0)
BV	Bundesverfassung der Schweizerischen Eidgenossenschaft vom 18. April 1999 (SR 101)
bzw.	beziehungsweise
CHF	Schweizer Franken
d.h.	das heisst
E.	Erwägung
ECHR	Reports and Judgements of the European Court of Human Rights
EGMR	Europäischer Gerichtshof für Menschenrechte

EMRK	Konvention vom 4. November 1950 zum Schutze der Menschenrechte und Grundfreiheiten (SR 0.101)
f./ff.	und folgende (Seite/Seiten)
FINMA	Eidgenössische Finanzmarktaufsicht
Hrsg.	Herausgeber
i.V.m.	in Verbindung mit
insbes.	insbesondere
m.w.H.	mit weiteren Hinweisen
Nr.	Nummer
ParlG	Bundesgesetz vom 13. Dezember 2002 über die Bundesversammlung (Parlamentsgesetz, SR 171.10)
PublG	Bundesgesetz vom 18. Juni 2004 über die Sammlungen des Bundesrechts und das Bundesblatt (Publikationsgesetz, SR 170.512)
RVOG	Regierungs- und Verwaltungsorganisationsgesetz vom 21. März 1997 (SR 172.010)
Rz.	Randziffer
s.	siehe
S.	Seite
SR	Systematische Sammlung des Bundesrechts
StGB	Schweizerisches Strafgesetzbuch vom 21. Dezember 1937 (SR 311.0)
StPO	Schweizerische Strafprozessordnung vom 5. Oktober 2007 (SR 312.0)
u.a.	und andere
UNO-Pakt I	Internationaler Pakt vom 16. Dezember 1966 über wirtschaftliche, soziale und kulturelle Rechte (SR 0.103.1)
UNO-Pakt II	Internationaler Pakt vom 16. Dezember 1966 über bürgerliche und politische Rechte (SR 0.103.2)
usw.	und so weiter

v.	vom
VG	Bundesgesetz über die Verantwortlichkeit des Bundes sowie seiner Behördenmitglieder und Beamten vom 14. März 1958 (Verantwortlichkeitsgesetz, SR 170.32)
vgl.	vergleiche
VIG	Bundesgesetz über das Vernehmlassungsverfahren vom 18. März 2005 (Vernehmlassungsgesetz, SR 172.061)
VPB	Verwaltungspraxis der Bundesbehörden (Bern)
VRK	Wiener Übereinkommen 23. Mai 1969 über das Recht der Verträge (Vertragsrechtskonvention, SR 0.111)
z.B.	zum Beispiel
ZBJV	Zeitschrift des Bernischen Juristenvereins (Bern)
ZBl	Schweizerisches Zentralblatt für Staats- und Verwaltungsrecht (Zürich)
ZGB	Schweizerisches Zivilgesetzbuch vom 10. Dezember 1907 (SR 210)
Ziff.	Ziffer

Literaturverzeichnis

Die aufgeführten Werke werden – sofern nicht anders aufgeführt – mit dem Namen der Autoren, der Seitenzahl, dem Paragrafen und/oder der Randnote zitiert.

AUER ANDREAS/MALINVERNI GIORGIO/HOTTELIER MICHEL, Droit constitutionnel suisse, 2 Bände, 3. Aufl., Bern 2013

BIAGGINI GIOVANNI/GÄCHTER THOMAS/KIENER REGINA (Hrsg.), Staatsrecht, Zürich/St. Gallen 2011

EHRENZELLER BERNHARD/SCHINDLER BENJAMIN/SCHWEIZER RAINER J./VALLENDER KLAUS A. (Hrsg.), Die schweizerisches Bundesverfassung: St. Galler Kommentar, 3. Aufl., Zürich/St. Gallen 2014

HÄFELIN ULRICH/HALLER WALTER/KELLER HELEN, Schweizerisches Bundesstaatsrecht, 8. Aufl., Zürich u.a. 2012

HALLER WALTER/KÖLZ ALFRED/GÄCHTER THOMAS, Allgemeines Staatsrecht, 5. Aufl., Zürich u.a. 2013

JAAG TOBIAS/BUCHER LAURA/HÄGGI FURRER RETO, Staatsrecht der Schweiz in a nutshell, Zürich/St. Gallen 2011

KAYSER MARTIN, Repetitorium Staatsrecht, 2. Aufl., Zürich 2012

KIENER REGINA/KÄLIN WALTER, Grundrechte, 2. Aufl., Bern 2013

MÜLLER JÖRG PAUL/SCHEFER MARKUS, Grundrechte in der Schweiz, 4. Aufl., Bern 2008

RHINOW RENÉ/SCHEFER MARKUS, Schweizerisches Verfassungsrecht, 2. Aufl., Basel 2009

TSCHANNEN PIERRE, Staatsrecht der Schweizerischen Eidgenossenschaft, 3. Aufl., Bern 2011

THÜRER DANIEL/AUBERT JEAN-FRANÇOIS/MÜLLER JÖRG PAUL (Hrsg.), Verfassungsrecht der Schweiz, Zürich 2011

1. Teil   Grundlagen

A. Repetitionsfragen

Staatsrecht

1. Zu welchem Rechtsgebiet gehört das Staatsrecht?
2. Was beinhaltet das Staatsrecht?
3. Was ist eine Verfassung?
4. Wodurch unterscheidet sich das formelle vom materiellen Verfassungsrecht? Wie verhalten sich die beiden Begriffe zueinander?
5. Was bewirkte die Justizreform?
6. Wie kann das öffentliche Recht vom Privatrecht abgegrenzt werden? Welche Theorieansätze kennen Sie dazu?
7. In welchem Verhältnis stehen die Theorien zur Unterscheidung zwischen öffentlichem Recht und Privatrecht zueinander?
8. Wodurch unterscheidet sich der Rechtsstaat von einer absoluten Monarchie?
9. Aristoteles unterschied Staatsformen hinsichtlich der Anzahl der Herrschenden sowie des Kriteriums der Gemeinnützigkeit. Zu welchen Kategorien gelangte er damit? Wie ist dabei der Begriff der Oligarchie aus heutiger Sicht zu verstehen?
10. Ist die Vatikanstadt ein Staat?

Lösungen S. 85

Die Schweiz

11. Was ist das Territorium der Schweiz?
12. Darf die eidgenössische Steuerverwaltung ihre Verfügung einem Adressaten im Ausland zustellen?
13. Wie kann man den Begriff des Staatsvolks definieren?
14. Auf welche Art kann das Schweizer Bürgerrecht erworben werden?
15. Wie läuft die ordentliche Einbürgerung ab?

16. Was sind die Folgen der Einbürgerung?
17. Kann das Schweizer Bürgerrecht entzogen werden?

Lösungen S. 88

Bundesverfassung

18. Welches ist der Hauptunterschied der geltenden Bundesverfassung gegenüber jener von 1874?
19. Welche Stellung nimmt die Bundesverfassung in der schweizerischen Rechtsordnung ein?
20. Welche Strukturprinzipien der Schweizer Bundesverfassung kennen Sie? Welche Funktion haben diese Prinzipien? Welche Bedeutung kommt ihnen für die Auslegung zu?
21. Gibt es unter den verfassungsrechtlichen Strukturprinzipen eine Rangordnung?
22. Welches ist der wesentliche Unterschied zwischen dem schweizerischen und dem amerikanischen demokratischen Regierungssystem?
23. Was unterscheidet eine Demokratie von einem totalitären Regierungssystem?
24. Was bedeutet das Rechtsstaatsprinzip?
25. Besteht zwischen Demokratie und Rechtsstaat ein Spannungsverhältnis?
26. Wo spiegelt sich das Sozialstaatsprinzip in der Bundesverfassung wider?
27. Wodurch charakterisiert sich ein Bundesstaat?
28. Was sind die Wesensmerkmale eines Einheitsstaats?
29. Nach welchen Regeln ist die Verfassung auszulegen?
30. Was ist das Ziel der Auslegung?

Lösungen S. 89

Völkerrecht und Landesrecht

31. Was regelt das Völkerrecht? Welchen Zwecken dient es?
32. Was bedeutet das monistische System der Schweiz in Bezug auf Völkerrecht?

33. Wann ist eine Bestimmung eines völkerrechtlichen Vertrags unmittelbar anwendbar?
34. Ist der UNO-Pakt I direkt für die Schweiz anwendbar?
35. Was bedeutet die «Schubert-Praxis»?
36. Unter welchen Umständen könnte das Bundesgericht von der «Schubert-Praxis» abweichen?
37. Wie ist das Verhältnis zwischen Völkerrecht und kantonalem Recht?
38. Wie ist bei einem Konflikt zwischen Völker- und Landesrecht vorzugehen?

Lösungen S. 93

B. Übungsfälle

Übungsfall 1: Öffentliche Gerichtsverhandlung

BV 30 Abs. 3 bestimmt, dass Gerichtsverhandlung und Urteilsverkündung öffentlich sind. Gemäss der Botschaft zur geltenden Bundesverfassung nimmt BV 30 Abs. 3 den in der alten Bundesverfassung nicht enthaltenen Grundsatz der Öffentlichkeit gerichtlicher Verfahren auf. Sie hebt hervor, dass dieser Grundsatz in den letzten Jahren unter dem Einfluss der Rechtsprechung zu EMRK 6 Ziff. 1 vermehrt ins Zentrum des Interesses gerückt sei (BBl 1997 I 1, 184). EMRK 6 Ziff. 1 garantiert den Prozessparteien das Recht, dem Gericht ihre Argumente mündlich in einer öffentlichen Sitzung vorzutragen.

Ergibt die Auslegung von BV 30 Abs. 3 einen Anspruch auf eine öffentliche (mündliche) Verhandlung in sämtlichen gerichtlichen Verfahren? Wie hat das Bundesgericht diese Frage entschieden? Wäre auch eine andere Auslegung als diejenige des Bundesgerichts denkbar?

Lösungen S. 94

Übungsfall 2: Gruyère-Streit

Die Fromagerie AG betreibt eine Käserei, die über eine Zertifizierung für die Herstellung von Gruyère, einer geschützten Ursprungsbezeichnung, verfügt. Diese Zertifizierung wird von der Interkantonalen Zertifizierungsstelle OIC erteilt, einer GmbH, die verschiedenen Kantonen gehört. Nach einer Kontrolle der Käserei wird die Fromagerie AG von der Zertifizierungsstelle wegen eines «groben Verstosses» gegen das Pflichtenheft für die Herstellung des Käses unter geschützter Ursprungsbezeichnung mit zwei Strafpunkten sanktioniert. Zudem wird sie unter Androhung des Entzugs der Zertifizierung verpflichtet, die Mängel unverzüglich zu beheben. Die Fromagerie AG möchte sich dagegen wehren. Liegt hier eine öffentlich-rechtliche oder eine privatrechtliche Streitigkeit vor?

Lösung S. 95

Übungsfall 3: Zwingendes Völkerrecht

Die von den «Schweizer Demokraten» im Juli 1992 eingereichte Volksinitiative «Für eine vernünftige Asylpolitik» bezweckt mit einem neuen Verfassungsartikel die Einschränkung des Flüchtlingsbegriffs. Illegal eingereiste Personen würden nach der Volksinitiative umgehend und ohne Beschwerdemöglichkeit aus der Schweiz weggewiesen, ohne dass geprüft wird, ob der Person in ihrem Herkunftsland Folter droht. Letztere Prüfung ist nach dem Non-Refoulement-Prinzip allerdings unabdingbar.

a) Wie entschied das Parlament über die Gültigkeit der Initiative?
b) Wie ist das Verhältnis von zwingendem Völkerrecht und vorgeschlagenem Verfassungsrecht unter der geltenden Bundesverfassung geregelt?
c) Was wird unter zwingendem Völkerrecht verstanden?
d) Müsste eine Volksinitiative zur Wiedereinführung der Todesstrafe für ungültig erklärt werden?

Lösungen S. 96

Übungsfall 4: Rheinschifffahrt

Die Rudolf AG möchte zwischen der Tössegg im Kanton Zürich und Rüdlingen im Kanton Schaffhausen einen Bootsbetrieb eröffnen, der Passagiere zwischen den beiden Orten hin- und herbringt. Aus ihrer Sicht bedarf es dazu keiner Konzession. Sie stützt sich dabei auf Art. 1 der Übereinkunft mit dem Grossherzogtum Baden aus dem Jahr 1879 betreffend den Wasserverkehr auf dem Rhein von Neuhausen bis unterhalb Basels: *«Die Schifffahrt und Flossfahrt auf dem Rhein von Neuhausen bis unterhalb Basels soll jedermann gestattet sein; sie unterliegt nur denjenigen Beschränkungen, welche durch die Steuer- und Zollvorschriften sowie durch die polizeilichen Rücksichten auf die Sicherheit und Ordnung des Verkehrs geboten sind.»*

Das Eidgenössische Departement für Umwelt, Verkehr, Energie und Kommunikation (UVEK) besteht demgegenüber darauf, dass die Rudolf AG ein Konzessionsgesuch stellt. Es stützt sich dabei auf das Bundesgesetz betreffend den Postverkehr vom 2. Oktober 1924, wonach für die gewerbsmässige und regelmässige Beförderung von Reisenden eine Konzession erteilt werden kann. Die Rudolf AG hält dem entgegen, dass aus den Materialien kein Hinweis hervorgehe, wonach der Gesetzgeber das Übereinkommen mit Baden habe infrage stellen wollen.

Darf die Rudolf AG ihren Bootsbetrieb auch ohne Konzession aufnehmen? Nach welchen Grundsätzen ist das hier anwendbare Bundesgesetz auszulegen?

Lösungen S. 97

C. Leitentscheide

Urnenabstimmung über Einbürgerungsgesuche

Bei Volksabstimmungen, die an der Urne erfolgen, ist eine Begründung systembedingt nicht möglich.

BGE 129 I 217 E. 2.2.2 und 3.6

Bei der Abstimmung über Einbürgerungsgesuche von 56 Personen stimmen die Stimmbürger der Gemeinde Emmen an der Urne der Einbürgerung von acht Gesuchstellern aus Italien zu. Die übrigen Einbürgerungsgesuche, die überwiegend von Personen aus dem ehemaligen Jugoslawien stammen, werden abgelehnt. Einige der unterlegenen Gesuchsteller rügen beim Bundesgericht die Verletzung des Diskriminierungsverbots sowie verschiedener Verfahrensgrundrechte.

Das Bundesgericht stellt fest, dass auch die Stimmbürger an die Grundrechte gebunden sind, da sie beim Entscheid über Einbürgerungsgesuche eine staatliche Aufgabe wahrnehmen (vgl. BV 35 Abs. 2). Die Ablehnung der Einbürgerungsgesuche verstösst gegen BV 8 Abs. 2, weil die Bewerber aus dem ehemaligen Jugoslawien aufgrund ihrer Herkunft benachteiligt werden. Zudem liegt eine Verletzung der Begründungspflicht vor. Eine Begründung ist jedoch bei Urnenabstimmungen, die in geheimer Abstimmung erfolgen, nicht möglich. Das Bundesgericht weist daher die zuständigen Behörden an, über den weiteren Fortgang des Einbürgerungsverfahrens der Gesuchsteller zu entscheiden und die verfassungswidrige Urnenabstimmung durch ein verfassungskonformes Verfahren zu ersetzen.

Fall UBS

Legalitätsprinzip
BGE 137 II 431 E. 2.2

Am 18. Februar 2009 schliesst die UBS AG mit dem amerikanischen Departement of Justice einen Vergleich ab (Deferred Prosecution Agreement). Gleichentags verfügt die Eidgenössische Finanzmarktaufsicht FINMA, dass die UBS dem Departement of Justice sofort über sie 285 Kundendossiers herausgeben müsse. Die FINMA begründet ihren Entscheid damit, dass die UBS in einer «Zwangssituation zwischen widersprechenden Rechtspflichten in den USA und der Schweiz» stehe und selber nicht imstande sei, «die bevorstehende Anklageerhebung und die damit einhergehenden unmittelbaren Bedrohungen ihrer Existenz abzuwenden». Sie stützt ihren Entscheid auf die Artikel 25 und 26 des Bankengesetzes (SR 952.0):

Massnahmen bei Insolvenzgefahr

BankG 25 Voraussetzungen

¹ Besteht begründete Besorgnis, dass eine Bank überschuldet ist oder ernsthafte Liquiditätsprobleme hat [...] so kann die FINMA anordnen:
a. Schutzmassnahmen nach Artikel 26;
b. [...]

² Die Schutzmassnahmen können selbstständig oder in Verbindung mit einer Sanierung oder Konkursliquidation angeordnet werden.

BankG 26 Schutzmassnahmen

¹ Die FINMA kann Schutzmassnahmen verfügen; namentlich kann sie:
a. den Organen der Bank Weisungen erteilen;
b. [...]

Das Bundesverwaltungsgericht heisst die dagegen erhobene Beschwerde gut, da sich die angefochtene Verfügung auf keine für die Einschränkung von Grundrechten genügende gesetzliche Grundlage stütze. Die von der FINMA angerufenen Bestimmungen des Bankengesetzes deckten einen so weit gehenden aufsichtsrechtlichen Eingriff in die Kundenbeziehung nicht ab (Urteil B-1092/2009 vom 5. Januar 2010, E. 6).

Auch gemäss dem Urteil des Bundesgerichts sind die erwähnten Bestimmungen mangels hinreichender Bestimmtheit und Voraussehbarkeit für den mit der Herausgabe der Daten verbundenen Eingriff in die Privatsphäre keine genügende gesetzliche Grundlage. Anders als die Vorinstanz erachtet das Bundesgericht jedoch die polizeiliche Generalklausel für anwendbar und schützt damit im Ergebnis das Vorgehen der FINMA.

Gewaltentrennung

Übertragung von Staatsaufgaben an Dritte
BGE 138 I 196 E. 4.4.3 = Pra 101 (2012) Nr. 126

X ersucht den Staatsrat des Kantons Genf um Zulassung zur Prüfung für die vereidigten Übersetzer des Kantons. Der Staatsrat tritt auf den Antrag von X nicht ein, da sie nicht über den vorausgesetzten Universitätsabschluss verfügt. Das Kantonsgericht Genf hebt auf Beschwerde von X die Verfügung mit der Begründung auf, sie stütze sich auf ein Reglement, das einer gesetzlichen Grundlage entbehre. Dagegen bringt der Staatsrat (Exekutive) mit Beschwerde ans Bundesgericht vor, dass er sich an der Ausübung seiner Befugnisse gehindert sehe, da ihm das Urteil im Bereich der vereidigten Übersetzer die Reglementierungs- und Organisationskompetenz abspreche.

Das Bundesgericht prüft, ob der Staatsrat im Rahmen seiner Kompetenzen handelte, als er im Reglement über die vereidigten Übersetzer einen Universitätsabschluss als Voraussetzung festlegte. Dem vereidigten Übersetzer wird ein begrenzter Teil der staatlichen Gewalt übertragen. Wenn der Staat die Erfüllung einer ihm obliegenden Aufgabe an einen verwaltungsexternen Dienst übertragen möchte, müssen die Delegation und ihre Modalitäten in einem formellen Gesetz vorgesehen sein (vgl. BV 178 Abs. 3). Da die Tätigkeit der vereidigten Übersetzer im Kanton Genf nicht in einem formellen Gesetz geregelt ist, verletzt das Reglement das Gewaltenteilungsprinzip. Das Bundesgericht bestätigt demzufolge den vorinstanzlichen Entscheid.

Anwalts-AG

Zulässigkeit körperschaftlich organisierter Anwaltskanzleien
BGE 138 II 440 E. 17

Das Bundesgericht hat die Frage zu beurteilen, ob Art. 8 Abs. 1 Bst. d des Anwaltsgesetzes (SR 935.61) eine Anstellung von Anwälten bei einer Anwaltsaktiengesellschaft ausschliesst. Die Norm sieht vor, dass Anwälte in der Lage sein müssen, den Anwaltsberuf unabhängig auszuüben; sie können Angestellte nur von Personen sein, die ihrerseits in einem kantonalen Register eingetragen sind. Weil weder dem Wortlaut noch der historischen Auslegung eine ausschlaggebende Bedeutung zukommt, stellt das Bundesgericht auf den Sinn und Zweck der Bestimmung sowie ihre verfassungsrechtliche Tragweite ab. Das Gericht hält fest, dass die Norm die Unabhängigkeit der anwaltlichen Tätigkeit sicherstellen und Beeinflussungen ausschliessen möchte, die sich aus einer Anstellung ergeben. Es sind aber nicht alle Anstellungsverhältnisse mit der Unabhängigkeit unvereinbar. Eine Anstellung bei registrierten Anwälten gefährdet die Unabhängigkeit nicht. Dasselbe muss gelten, wenn die Anstellung nicht bei den registrierten Anwälten selber, sondern bei einer körperschaftlich organisierten Anwaltskanzlei erfolgt, die vollständig von registrierten Anwälten beherrscht wird. Die erforderliche Unabhängigkeit ist gewahrt, wenn die Organisationsstruktur so gewählt ist, dass nur registrierte Anwälte auf die Anstellung Einfluss nehmen können. Der Zweck von Art. 8 Abs. 1 Bst. d des Anwaltsgesetzes verlangt nach der Sicht des Bundesgerichts daher nicht, körperschaftliche Rechtsformen von Anwaltskanzleien generell zu untersagen.

PKK-Fall

Dient eine völkerrechtliche Norm dem Menschenrechtsschutz, geht sie im Konfliktfall dem Landesrecht vor.
BGE 125 II 417 E. 4d

Die kurdische Arbeiterpartei PKK möchte aus der Türkei stammende Zeitschriften und Bücher in der Schweiz verteilen. Der schweizerische Zoll beschlagnahmt das Material mit der Begründung, es stelle unzulässige Propaganda dar. Der Bundesrat ordnet daraufhin die Vernichtung der Unterlagen an. Nach dem anwendbaren innerstaatlichen Recht unterliegen Entscheide des Bundesrats wie jener über die Vernichtung des Materials keiner gerichtlichen Beurteilung.

Die PKK macht vor Bundesgericht geltend, dass eine Beurteilung zwingend vorgeschrieben sei, da vermögenswerte Rechte im Sinn von EMRK 6 Ziff. 1 auf dem Spiel stünden. Das Bundesgericht folgt der Argumentation. Völkerrecht gehe Bundesgesetzen grundsätzlich vor. Der Vorrang muss nach dem Entscheid umso mehr bejaht werden, wenn die völkerrechtliche Norm – wie hier – dem Schutz der Menschenrechte dient. Der konventionswidrigen bundesgesetzlichen Bestimmung wird damit die Anwendung versagt.

Das PKK-Urteil zählt zu den wichtigsten Leitentscheiden des Bundesgerichts. Mit seinem Entscheid beansprucht es trotz BV 190 eine Verfassungsgerichtsbarkeit gegenüber Bundesgesetzen. Natürlich besteht diese Verfassungsgerichtsbarkeit nur in akzessorischer Hinsicht und auch nur insoweit, als eine bundesgesetzliche Norm der Europäischen Menschenrechtskonvention oder einem anderen Menschenrechtspakt widerspricht. Da die EMRK jedoch einen beträchtlichen Teil der innerstaatlich garantierten Grundrechte abdeckt, gilt die Verfassungsgerichtsbarkeit im Sinn einer konkreten Normenkontrolle seit dem PKK-Entscheid gestützt auf Richterrecht. Ob bei einem «bewussten» Abweichen des Gesetzgebers im Sinn der Schubert-Rechtsprechung (dazu sogleich) anders zu entscheiden ist, lässt der PKK-Entscheid ausdrücklich offen.

Unterschiedliche Definition von Zollerleichterungen

Anforderungen an das bewusste Abweichen des Gesetzgebers bei Normkonflikten zwischen Bundesgesetz und völkerrechtlichem Vertrag
BGE 138 II 524 E. 5

X und Y beabsichtigen, in einer italienischen Gemeinde landwirtschaftliche Grundstücke zu kaufen und diese selbst zu bewirtschaften. Nach dem Schweizer Zollgesetz aus dem Jahr 2005 liegen diese Grundstücke in der Parallelzone, d.h. in einem beidseits entlang der Grenzlinie parallel verlaufenden Streifen von etwa zehn Kilometern, wo Ein- und Ausfuhr für Waren des landwirtschaftlichen Bewirtschaftungsverkehrs von Grundstücken zollfrei möglich ist. Aufgrund eines Abkommens zwischen der Schweiz und Italien aus dem Jahr 1953 gelten hingegen Zollerleichterungen für das Gebiet beidseitig der Grenze im Umkreis von zehn Kilometern ab dem nächsten Grenzübergang (Radialzone).

Die Zollkreisdirektion stellt fest, dass die fraglichen Grundstücke nicht in dem durch den Staatsvertrag begünstigten Grenzgebiet liegen. Das Bundesverwaltungsgericht gibt hingegen X und Y aufgrund des Vorrangs des nationalen Zollgesetzes recht, da der Bundesgesetzgeber wie im Schubert-Entscheid bewusst gegen den Staatsvertrag verstossen habe (Urteil A-4762/2010 vom 15. Juli 2011, E. 3.2 ff.).

Das Bundesgericht heisst eine von der Oberzolldirektion dagegen erhobene Beschwerde gut. Der Hinweis auf eine allgemeine Diskussion in der parlamentarischen Beratung genügt nach dem Entscheid des Bundesgerichts nicht, um ein bewusstes Abweichen des Gesetzgebers anzunehmen.

Ausschaffungsinitiative

Anwendbarkeit neuer verfassungsrechtlicher Vorgaben, die im Widerspruch zu geltendem Gesetzes- und Völkerrecht stehen
BGE 139 I 16 E. 5.2

Der 1987 geborene Mazedonier F lebt seit 1994 in der Schweiz. Im Alter von 23 Jahren wird er wegen mehrerer Drogendelikte zu einer bedingt vollziehbaren Freiheitsstrafe von 18 Monaten verurteilt. Das kantonale Migrationsamt widerruft deshalb seine Niederlassungsbewilligung und weist ihn aus der Schweiz aus. Das Thurgauer Verwaltungsgericht beurteilt dies als verhältnismässig.

Das Bundesgericht hebt den Widerruf wegen Unverhältnismässigkeit auf. Es erachtet F als gut integriert und berücksichtigt zudem, dass er seit seiner Verurteilung nicht mehr straffällig wurde. Nach dem durch die Ausschaffungsinitiative in den Verfassungstext eingefügten BV 121 Abs. 3 verlieren zwar Ausländer ihr Aufenthaltsrecht, wenn sie wie in dem vorliegend zu entscheidenden Fall wegen Drogenhandels rechtskräftig verurteilt wurden. Diese Bestimmung ist nach dem Urteil des Bundesgerichts jedoch nicht unmittelbar anwendbar, weshalb F weiterhin in der Schweiz bleiben darf.

Das Urteil hätte es mit dem soeben Gesagten bewenden lassen können. Stattdessen führt es in einem ausführlichen obiter dictum aus, dass BV 121 Abs. 3–6 im Gesamtkontext der Verfassung auszulegen sei. Bei einem Konflikt zwischen Völkerrecht und späterer Gesetzgebung sei in der Regel vom Vorrang des Völkerrechts auszugehen. Das Erfordernis der Abwägung zwischen dem privaten Interesse am Verbleib in der Schweiz und dem öffentlichen Interesse an der Fernhaltung gemäss EMRK 8 Ziff. 2 sei auch nach dem Inkrafttreten von BV 121 Abs. 3 zu berücksichtigen. Daher dürfe die Interessenabwägung nicht schematisierend auf einzelne im Verfassungstext erwähnte Anlasstaten reduziert werden. Vielmehr müsse der Strafhöhe sowie weiteren Aspekten wie der bisherigen Aufenthaltsdauer sowie der Integration Rechnung getragen werden.

Die soeben genannten Ausführungen waren für die Beurteilung des konkret zu beurteilenden Falls nicht notwendig, da das Urteil BV 121 Abs. 3 für nicht unmittelbar anwendbar hielt und die Ausführungsgesetzgebung noch nicht einmal in Entwurfsform vorlag. In der Tagespresse wurde gemutmasst, das obiter dictum habe der Besorgnis Ausdruck verleihen wollen, der Gesetzgeber werde die verfassungsrechtliche Ausschaffungsbestimmung wortgetreu und damit konventionsverletzend umsetzen. Das erscheint jedoch insofern unwahrscheinlich, als es nicht zu den Aufgaben des Bundesgerichts gehört, dem Gesetzgeber für die Umsetzung von Verfassungsbestimmungen Vorgaben zu machen.

Das obiter dictum überzeugt auch in anderer Hinsicht nicht: Zu Ende gedacht würde es bedeuten, dass auch ein bewusster Verstoss des Verfassungsgebers gegen menschenrechtliche Verpflichtungen wirkungslos bleibt. Dem Verfassungsgeber wäre damit verwehrt, was dem Gesetzgeber jedenfalls bislang noch nicht explizit untersagt wurde. Denn nach der Schubert-Rechtsprechung kann der Gesetzgeber dann die Wirkung gültig abgeschlossener völkerrechtlicher Verpflichtungen verhindern, wenn er bewusst, mithin «en toute connaissance de cause» einen Völkerrechtsverstoss in Kauf nimmt. Weshalb dies dem Verfassungsgeber mit seiner ungleich höheren demokratischen Legitimation verwehrt sein sollte, bleibt nach dem Urteil ungeklärt.

Immerhin eine Hintertür lässt das obiter dictum dem Verfassungsgeber offen. Eine Ausnahme von dem offenbar unbedingten Vorrang des Völkerrechts gelte dann, wenn die neue Bestimmung «sich [...] selber im Sinne einer verfassungsrechtlichen Kollisionsregel *eindeutig* den Vorrang zu den anderen betroffenen Verfassungsvorgaben zuweist» (E. 4.2.2, ohne Hervorhebung im Original). Das würde also bedeuten, dass Initiativkomitees bei der Ausarbeitung von Vorlagen stets die Bestimmungen anzugeben hätten, die mit dem neuen Verfassungsartikel verdrängt werden sollen. Das erscheint insofern nicht überzeugend, als die Initianten der Ausschaffungsinitiative klar zum Ausdruck brachten, dass das Verhältnismässigkeitsprinzip seine Geltung bei Wegweisungen verlieren soll. Das obiter dictum war damit auch in dieser Hinsicht überflüssig (kritisch neben zahlreichen anderen Autoren GIOVANNI BIAGGINI, Über die Auslegung der Bundesverfassung und ihr Verhältnis zur EMRK, ZBl 114 [2013] 316, insbes. 331 ff.).

2. Teil   Bundesstaat

A. Repetitionsfragen

Grundlagen

1. Aus welchen tragenden Grundpfeilern besteht die Schweizerische Eidgenossenschaft nach dem Wortlaut der Verfassung?
2. Was beinhaltet das föderalistische Prinzip, und wie kommt es in der Schweiz zum Ausdruck?
3. Über welche Mitwirkungsrechte verfügen die Kantone?
4. Was bedeutet die Souveränität der Kantone?
5. Inwiefern wird der Grundsatz der absoluten Gleichheit der Kantone durchbrochen?
6. Verfügen die Kantone über Finanzautonomie?

Lösungen S. 97

Zuständigkeiten

7. Welche Möglichkeiten gibt es in einem Bundesstaat, die Kompetenzen zwischen Bund und Gliedstaaten aufzuteilen?
8. Welches sind die Vorteile der von der Bundesverfassung vorgesehen Kompetenzverteilung?
9. In welche Kategorien lassen sich die Rechtsetzungskompetenzen des Bundes aufgrund ihrer Reichweite einteilen?
10. Wodurch unterscheiden sich Bundeskompetenzen mit nachträglich derogatorischer von solchen mit ursprünglich derogatorischer Kraft?
11. Nach BV 98 Abs. 1 erlässt der Bund Vorschriften über das Banken- und Börsenwesen und trägt dabei der besonderen Aufgabe und Stellung der Kantonalbanken Rechnung. Welche Art von Kompetenz wird dem Bund damit in sachlicher und zeitlicher Hinsicht eingeräumt?

Lösungen S. 98

Konflikte zwischen Bundes- und kantonalem Recht

12. Was versteht man unter der derogatorischen Kraft des Bundesrechts?
13. Was ist der Unterschied zwischen einer Kompetenz- und einer Normkollision?
14. Wie wird der Vorrang des Bundesrechts durchgesetzt?
15. Welche Wirkung kommt dem Bundesrecht gegenüber ihm widersprechenden Vorschriften des kantonalen Rechts zu?
16. In welchem Verhältnis stehen Bundeszivil- und kantonales öffentliches Recht?

Lösungen S. 100

Zusammenwirken von Bund und Kantonen

17. Was bedeutet kooperativer Föderalismus?
18. Wie ist bei einem Konflikt zwischen zwei oder mehreren Kantonen vorzugehen?
19. Besteht für die Kantone eine Pflicht, Konkordate abzuschliessen?
20. Wie können Konkordate überprüft werden?
21. Was ist die Folge, wenn der Bundesrat oder ein anderer Kanton gegen einen interkantonalen Vertrag Einsprache erhebt?

Lösungen S. 101

Bundesgarantien

22. Auf welche Art und Weise werden die bundesstaatliche Struktur und die Rechtsstellung der Kantone gewährleistet?
23. Was bedeutet der Begriff der doppelten Gebietshoheit?
24. Was beinhalten Bestandes- und Gebietsgarantie?
25. Wer ist dafür zuständig, im Rahmen einer Bundesintervention Massnahmen anzuordnen?
26. Wie lassen sich Bundesintervention und -exekution voneinander unterscheiden?
27. Kann eine Änderung einer Kantonsverfassung bereits *vor* der Gewährleistung durch den Bund in Kraft treten?

28. Welche Funktion kommt der Gewährleistung der Kantonsverfassung durch den Bund zu?

Lösungen S. 102

Gemeinden

29. Was sind öffentlich-rechtliche Körperschaften?
30. Welche Arten von Gemeinden gibt es?
31. Auf welche Weise können sich Gemeinden organisieren?
32. Was bedeutet der Begriff der Gemeindeautonomie?
33. Wie kann eine Gemeinde gegen eine Verletzung ihrer Autonomie vorgehen?
34. Stellt die Gemeindeautonomie ein verfassungsmässiges Recht dar?
35. In welchen Bereichen besteht typischerweise Gemeindeautonomie?
36. Unter welchen Voraussetzungen prüft das Bundesgericht Beschwerden wegen angeblicher Verletzungen der Gemeindeautonomie?

Lösungen S. 102

B. Übungsfälle

Übungsfall 1: Hooligan-Konkordat

Um bei Fussball- und Eishockeyspielen gezielter gegen Hooliganismus vorgehen zu können, wird Ende 2007 ein Konkordat über Massnahmen gegen Gewalt anlässlich von Sportveranstaltungen geschaffen. Einigen Kantonen gehen die Massnahmen zu wenig weit, weshalb die Konferenz der kantonalen Justiz- und Polizeidirektoren im Jahr 2012 einen revidierten Konkordatstext verabschiedet. Die Kantone, auf deren Initiative die Revision zurückgeht, unterzeichnen und ratifizieren das Konkordat rasch, ebenso andere Kantone, die sich bis anhin zurückhaltend zeigten. Im fussballbegeisterten und für seine liberale Einstellung bekannten Basel regt sich dagegen jedoch Widerstand.

Kann der Kanton Basel-Stadt verpflichtet werden, dem Konkordat beizutreten?

Lösung S. 105

Übungsfall 2: Schwyzer Kantonsverfassung

Im September 2005 stimmen die Schwyzer Stimmberechtigten mit überwiegender Mehrheit der totalrevidierten Kantonsverfassung zu. Gemäss einer der neuen Bestimmungen gilt für die Kantonsratswahlen nunmehr das Mehrheitswahlverfahren, wobei jede Gemeinde einen Einerwahlkreis bildet. Kritiker machen geltend, dass in der kleinsten Gemeinde 74, in der grössten dagegen über 9'000 Stimmberechtigte wohnen. Das neue Wahlverfahren sei ungerecht. Zudem werde dadurch die Politik vom Bürger entfernt.

Als Mitarbeiterin des Bundesamts für Justiz werden Sie mit der Ausarbeitung des Botschaftsentwurfs zur Genehmigung der totalrevidierten Kantonsverfassung beauftragt. Was empfehlen Sie der Bundesversammlung bezüglich der erwähnten Bestimmung?

Lösung S. 105

Übungsfall 3: Endlagerung radioaktiver Abfälle

Die Nationale Genossenschaft für die Lagerung radioaktiver Abfälle (NAGRA) nahm in vergangenen Jahren verschiedene Probebohrungen vor, um geeignete Standorte für die Endlagerung von Atommüll zu evaluieren. Dagegen regt sich im Kanton Nidwalden beträchtlicher Widerstand. Aufgrund verschiedener Volksinitiativen wird eine neue Bestimmung in die Kantonsverfassung eingefügt, nach der für die Lagerung radioaktiver Abfälle im Untergrund neu eine Konzession erforderlich ist, die von der Landsgemeinde erteilt wird.

Nachdem die NAGRA vor dem Nidwaldner Verfassungsgericht erfolglos die Bundesrechtswidrigkeit der neuen Bestimmung beanstandete, möchte sie von Ihnen wissen, ob das Bundesgericht auf eine Beschwerde gegen den kantonalen Entscheid eintreten wird.

Lösung S. 105

Übungsfall 4: Autofreie Sonntage

Gemäss Art. 2 Abs. 1 Bst. b des Strassenverkehrgesetzes (SVG, SR. 741.01) kann der Bund für die ganze Schweiz zeitlich begrenzt geltende Fahrverbote erlassen. Die Kantone sind aber berechtigt, für bestimmte Strassen Fahrverbote, Verkehrsbeschränkungen und Anordnungen zur Regelung des Verkehrs zu erlassen (SVG 3 Abs. 2).

Der Kanton Appenzell Ausserrhoden möchte mittels Gesetz zwölf autofreie Sonntage einführen, an denen auf Kantonsgebiet nur öffentliche Verkehrsmittel verkehren dürfen. Ist der Kanton berechtigt, eine solche Regelung zu treffen? Beantworten Sie dazu folgende Teilfragen:

a) Weist die Bundesverfassung dem Bund im Strassenverkehr eine Gesetzgebungskompetenz zu?
b) Welchen Umfang hat diese Bundeskompetenz?
c) In welchem Verhältnis steht die Bundes- zur kantonalen Kompetenz?

Lösungen S. 106

Übungsfall 5: Einseitige Mankoüberbindung

Bei einer Scheidung bzw. gerichtlichen Bewilligung des Getrenntlebens der Ehegatten wird dem unterhaltspflichtigen Elternteil nach geltendem Recht stets das betreibungsrechtliche Existenzminimum belassen. Dadurch muss der andere Elternteil unter Umständen Sozialhilfe in Anspruch nehmen, die er später wieder zurückerstatten muss. Solche sogenannte Mankofälle können zu einer Ungleichbehandlung der Eltern führen. Politiker unterschiedlicher Couleur wollen deshalb durch eine Änderung des Zivilgesetzbuchs das Manko auf beide Elternteile aufteilen. Zudem soll neu die Unterhaltspflicht gegenüber Kindern, die nicht mit der unterhaltspflichtigen Person zusammenleben, im Sozialhilfebudget berücksichtigt werden. Eine Verbesserung kann aber nur erreicht werden, wenn die zivilrechtlichen Unterhaltsbeiträge und die finanzielle Unterstützung durch die kommunalen Sozialhilfebehörden wirksam koordiniert werden.

Nachdem die Medien wiederholt über stossende Ungleichheiten berichten, stimmen beide Räte einer Motion zu, die den Bundesrat mit der Ausarbeitung einer entsprechenden Gesetzesänderung beauftragt. Als Mitarbeiter des Bundesamts für Justiz sollen Sie abklären, ob dem Bund in diesen Bereichen eine Gesetzgebungskompetenz zukommt.

Lösung S. 106

Übungsfall 6: Kampfhundeverbot

Nachdem ein Kind von drei Pitbulls zu Tode gebissen wurde, beauftragt eine parlamentarische Initiative die zuständige Kommission mit der Ausarbeitung eines Verbots für die Haltung von Kampfhunden.

Ist der Bund für den Erlass eines solchen Gesetzes zuständig? Kann die Bundesversammlung auch Gesetze verabschieden, für deren Erlass an sich die Kantone zuständig wären?

Lösungen S. 107

Übungsfall 7: Schulzahnpflegegesetz

Der Kanton Freiburg möchte mit einem neuen Gesetz die Zahnprophylaxe an öffentlichen Schulen verbessern. Einmal pro Jahr sollen die Zähne aller schulpflichtigen Kinder untersucht werden. Kritiker argumentieren, dass es wenn überhaupt am Bund sei, ein solches Gesetz zu erlassen. Die Befürworter halten dem entgegen, dass 70 Prozent der erwachsenen Bevölkerung an Zahn- und Zahnfleischerkrankungen litten und der Bund bislang nichts unternommen habe.

a) Wer verfügt in diesem Bereich über eine Gesetzgebungskompetenz – der Bund oder der Kanton?

b) Falls Bundeskompetenzen bestehen: Welcher sachliche Umfang kommt ihnen zu?

c) Ist der Kanton Freiburg zum Erlass eines Gesetzes berechtigt?

Lösungen S. 107

Übungsfall 8: Love Vegan

Der Verein «Love Vegan» möchte in der St. Galler Innenstadt für eine Initiative zur Einführung veganen Essens an öffentlichen Schulen Unterschriften sammeln. Da der Verein die anwendbaren Vorschriften nicht kennt, ruft dessen Präsident vorgängig die Stadtpolizei an. Diese teilt ihm zunächst telefonisch und anschliessend schriftlich mit, dass die Unterschriftensammlung im November und Dezember wegen der Weihnachtszeit bloss ausserhalb der Innenstadt stattfinden könne.

Der Verein gelangt dagegen mit Erfolg an das kantonale Sicherheits- und Justizdepartement. Nach dessen Entscheid stellt das Sammeln von Unterschriften ohne Stände keinen gesteigerten Gemeingebrauch dar, weswegen eine Bewilligungspflicht von vornherein nicht infrage komme. Die Stadt St. Gallen hält an ihrem Standpunkt fest, unterliegt damit aber vor Verwaltungsgericht. Kann die Stadt letzteren Entscheid ans Bundesgericht weiterziehen?

Lösung S. 108

Übungsfall 9: Schüler mit Schwierigkeiten

Da Emil die 3. Klasse wiederholen musste, wird er der Sonderklasse im Nachbardorf zugewiesen. Die Schulgemeinde stützt sich dabei auf § 9 des kantonalen Volksschulgesetzes, wonach eine solche Massnahme dann anzuordnen ist, wenn das Kind in der Regelklasse dauernd überfordert ist und seine Schulschwierigkeiten nicht mit anderen Massnahmen behoben werden können.

Nachdem Emils Eltern mit ihrem Rekurs gegen den Versetzungsentscheid beim Erziehungsdepartement unterliegen, heisst das Verwaltungsgericht ihre Beschwerde gut und hebt den Versetzungsentscheid auf.

Kann die Schulgemeinde dagegen Beschwerde ans Bundesgericht erheben?

Lösung S. 108

C. Leitentscheide

Landsgemeinde

Vorfrageweise Überprüfung einer Kantonsverfassung
BGE 121 I 138 E. 5c

Gemäss der Verfassung von Appenzell Ausserrhoden aus dem Jahr 1908 unterliegen Verfassungsrevisionen der Zustimmung der Landsgemeinde. Das Kantonsparlament ordnet gestützt auf diese Bestimmung die Abstimmung über eine neue Kantonsverfassung an. Willi Rohner ist der Ansicht, dass das Abstimmungsprozedere an der Landsgemeinde im Widerspruch zu den Stimmrechtsgarantien stehe. Er beantragt daher beim Bundesgericht, dass die eingangs erwähnte Verfassungsbestimmung vorfrageweise auf die bundesrechtlichen Grundsätze der Abstimmungsfreiheit überprüft werde.

Das Bundesgericht prüft kantonale Verfassungsbestimmungen akzessorisch lediglich insoweit, als übergeordnetes Recht *nach* der Gewährleistung der beanstandeten Bestimmung erging. Die im vorliegenden Fall als bundesrechtswidrig gerügte Bestimmung stammt aus dem Jahr 1908. Seit dem entsprechenden Gewährleistungsbeschluss hat sich die Rechtsprechung zur Wahl- und Abstimmungsfreiheit weiterentwickelt. Daher ist eine vorfrageweise Überprüfung der strittigen Verfassungsbestimmung nicht ausgeschlossen. Der ebenfalls nach der Gewährleistung in Kraft getretene UNO-Pakt II, der im Grundsatz geheime Wahlen garantiert, ist gemäss dem Bundesgericht nicht massgebend, da es sich vorliegend um eine Sachabstimmung und nicht um «Wahlen» handelt. Das Bundesgericht kommt im konkret zu beurteilenden Fall zum Schluss, dass die Schwächen des Abstimmungssystems an Landsgemeinden abstrakt gesehen nicht zu Wahl- und Abstimmungsergebnissen führen, die den freien Willen der Stimmbürger nicht zuverlässig und unverfälscht zum Ausdruck brächten. Die Beschwerde wird deshalb abgewiesen.

Keine Bedienung in Fumoirs

Zulässigkeit eines kantonalen Verbots bedienter Raucherräume
BGE 139 I 242 E. 3.4

Das Restaurant «Paradiesli» toleriert das Rauchen in Räumen, in denen sich auch Angestellte aufhalten. Das Arbeitsinspektorat sieht darin eine Verletzung des basel-städtischen Gastgewerbegesetzes. Danach ist das Rauchen in Gaststätten nur dann gestattet, wenn der entsprechende Raum abgetrennt, mit einer Lüftung ausgestattet und nicht bedient ist. Die Behörde ordnet dem Restaurant deshalb die Durchsetzung des Rauchverbots an.

Die Betreiberin macht dagegen geltend, dass das Bundesgesetz zum Schutz vor Passivrauchen den Betrieb bedienter abgetrennter Raucherräume grundsätzlich zulasse. Die Behörde hält dem entgegen, dass die Kantone gemäss dem erwähnten Bundesgesetz «zum Schutz der Gesundheit» strengere Vorschriften erlassen dürfen. Damit sei nicht nur die Gesundheit der Konsumenten gemeint, sondern auch jene der Arbeitnehmer.

Das Bundesgericht schützt wie bereits zuvor das kantonale Verwaltungsgericht den Standpunkt des Kantons. Der Zweck der bundesrechtlichen Regelung bestehe über den engen Wortlaut des «Schutzes vor dem Passivrauchen» hinaus darin, ein grundsätzliches Rauchverbot in öffentlich zugänglichen Räumen zu statuieren. Aufgrund der beabsichtigten Eindämmung des Tabakkonsums und des allgemeinen Gesundheitsschutzes sollten auch Arbeitnehmer vor den negativen Folgen des Passivrauchens geschützt werden. Zudem verringere ein Bedienverbot die Attraktivität von Raucherräumen. Die basel-städtische

Regelung liegt demnach im Rahmen des bundesrechtlichen Vorbehalts zugunsten des kantonalen Rechts. Die Anordnung des Arbeitsinspektorats wird demzufolge bestätigt.

Zürcher Einweisungsfall

Vorrang des Bundesrechts
BGE 122 I 18 E. 2c/bb (leicht verändert)
Gemäss dem Zürcher Gesetz zur fürsorgerischen Unterbringung kann die Einweisung in eine Klinik nur vom Betroffenen selbst oder von ihm nahestehenden Personen angefochten werden, die mit ihm zusammenleben. Peter Storm wird wegen paranoider Schizophrenie in eine Klinik eingewiesen. Die zuständigen kantonalen Instanzen treten auf eine von Storms Pfarrer erhobene Beschwerde nicht ein, da der Pfarrer dem Betroffenen wohl nahestehe, aber nicht mit diesem zusammenlebe.

Das Bundesgericht hebt die Entscheide auf. Gemäss der bundesrechtlichen Regelung kann der Betroffene oder eine ihm nahestehende Person gegen den Einweisungsentscheid Beschwerde erheben (heute ZGB 439 Abs. 1). Zu den nahestehenden Personen gehören nach der Rechtsprechung neben Sozialarbeitern und Ärztinnen auch Pfarrer. Weitere Voraussetzungen werden nicht verlangt, insbesondere kein Zusammenleben. Die kantonalen Instanzen hätten die kantonale Bestimmung folglich vorfragweise auf deren Vereinbarkeit mit dem Bundesrecht überprüfen müssen. Weil sie dies unterliessen, ist ihr Nichteintretensentscheid aufzuheben. (Im publizierten Bundesgerichtsentscheid ging es um ein abstraktes und nicht, wie hier konstruiert, um ein konkretes Normenkontrollverfahren.)

Nacktwandern

Befugnis der Kantone, öffentliches Nacktwandern unter Strafe zu stellen
BGE 138 IV 13 E. 3
Im Kanton Appenzell-Ausserrhoden wurden in letzter Zeit immer häufiger Nacktwanderer angetroffen. Der Kantonsrat fügt deshalb eine Bestimmung in das Gesetz über das kantonale Strafrecht ein, wonach sich strafbar macht, wer sich in der Öffentlichkeit «unverhüllt aufhält oder sonst wie unanständig benimmt». Bald darauf wird der erste Nacktwanderer mit einer Busse belegt. Dieser gelangt dagegen ans Bundesgericht und macht dort geltend, dass aufgrund von

BV 123 Abs. 1 die Gesetzgebung auf dem Gebiet des Strafrechts Sache des Bundes und nicht der Kantone sei. Der Kanton hält dem entgegen, dass den Kantonen die Gesetzgebung über das Übertretungsstrafrecht insoweit vorbehalten bleibe, als sie nicht Gegenstand der Bundesgesetzgebung ist (StGB 335 Abs. 1). Da das Nacktwandern nicht aus sexuellen Beweggründen erfolgte, seien die Tatbestände des Exhibitionismus (StGB 194) und der sexuellen Belästigungen (StGB 198) nicht erfüllt. Die nicht sexuell motivierte Entblössung im öffentlichen Raum falle somit nicht unter das abschliessend geregelte System der Angriffe auf die sexuelle Integrität.

Das Bundesgericht folgt der Argumentation des Kantons. Der Kanton konnte sich beim Erlass der Bestimmung auf den Vorbehalt in StGB 335 Abs. 1 stützen. Die Bestrafung mit einer Busse erfolgte demzufolge zu Recht.

Verlängerte Öffnungszeiten

Vorrang einer abschliessenden bundesrechtlichen Regelung gegenüber kantonalen Ladenschlussgesetzen
BGE 130 I 279 E. 2.3

Das Bundesgericht hat eine Vorschrift der Ruhetags- und Ladenschlussverordnung des Kantons Basel-Stadt zu prüfen, wonach verlängerte Öffnungszeiten nur bei Beachtung eines Gesamtarbeitsvertrags in Anspruch genommen werden dürfen. Diese Bestimmung erweitert den Arbeitnehmerschutz im Vergleich zum eidgenössischen Arbeitsgesetz.

Nach dem Urteil des Bundesgerichts ist der Schutz des Verkaufspersonals durch das Arbeitsgesetz abschliessend geregelt. Daher ist die kantonale Vorschrift mit dem Arbeitsgesetz unvereinbar und aufgrund des Vorrangs des Bundesrechts aufzuheben.

Hanf-Konkordat

Zuständigkeit für die abstrakte Kontrolle von Konkordatsbestimmungen
BGE 138 I 435 E. 1.3.2

Im Kanton Waadt betreiben verschiedene Unternehmen Handel mit Hanfwaren. Sie erheben einerseits gegen das Westschweizer Konkordat von 2010 über Anbau und Handel von Hanf Beschwerde in öffentlich-rechtlichen Angelegenheiten. Andererseits erheben sie beim Waadtländer Kantonsgericht Klage gegen das Genehmigungsdekret des Grossen Rats des Kantons Waadt, das den Staatsrat zum Beitritt zum erwähnten Konkordat berechtigt.

Das Bundesgericht prüft seine Zuständigkeit von Amts wegen. Soweit interkantonale Verträge – wie hier – unmittelbar Rechte und Pflichten für die Einzelnen schaffen oder ganz allgemein Bestimmungen enthalten, die unmittelbar anwendbare Normen einschliessen, werden sie «kantonalen Erlassen» gemäss BGG 82 Bst. b gleichgestellt und können dementsprechend vor Bundesgericht angefochten werden. Dieses hält fest, dass das interkantonale Recht höherrangig ist als das Recht jedes einzelnen Kantons, der das Konkordat ratifiziert hat. Demzufolge kann ein kantonales Gericht nur kantonale und intrakantonale Erlasse abstrakt kontrollieren und gegebenenfalls aufheben, da es sonst gegen die Bundesverfassung verstossen und die Souveränität der anderen Konkordatskantone verletzen würde. Gegen Erlasse, die in der hierarchischen Ordnung einen höheren Rang einnehmen als das Rechtssystem, auf dem die Existenz dieses Gerichts und seiner Rechtsprechungsbefugnisse beruhen, kann das kantonale Gericht nicht vorgehen. Entsprechend erachtet sich das Bundesgericht für eine abstrakte Normenkontrolle des Konkordats zuständig, während beim kantonalen Gericht lediglich der kantonale *Beitritt* zum Konkordat angefochten werden kann.

Vereinsleben

Gemeindeautonomie bei Einbürgerungsentscheiden
BGE 138 I 242 E. 5.3

Die albanische Staatsangehörige Y wohnt seit 1993 in der politischen Gemeinde Oberriet. Der Einbürgerungsrat stellt der Bürgerversammlung im Jahr 2009 zum wiederholten Mal den Antrag, Y das Bürgerrecht zu erteilen. Die Stimmbürgerschaft lehnt den Einbürgerungsantrag ab. Das Verwaltungsgericht des Kantons St. Gallen heisst eine dagegen von Y erhobene Beschwerde gut. Die Gemeinde Oberriet beanstandet beim Bundesgericht eine Verletzung ihrer Autonomie.

Das Bundesgericht weist die Beschwerde der Gemeinde ab. Zwar spricht es der Bürgerversammlung einen weiten Beurteilungsspielraum zu, sodass von einer Gesuchstellerin auch eine «gewisse lokale Integration» verlangt werden könne. Die Bürgerversammlung hat den Beurteilungsspielraum aber verletzt, da sie der Betroffenen die Einbürgerung mit dem Argument verweigerte, dass sie nicht Mitglied in einem Verein oder Ähnlichem war.

3. Teil   Rechtsetzung

A. Repetitionsfragen

Grundlagen

1. Wie können Rechtssätze definiert werden?
2. Welche Möglichkeiten hat das Volk zur Beeinflussung der Rechtsetzung?
3. Welcher Zusammenhang besteht zwischen der Normenhierarchie und dem Demokratiegrundsatz?
4. Was versteht man unter einem Erlass?
5. Welche Erlasse unterliegen auf Bundesebene dem fakultativen Referendum, und was bedeutet das?
6. Ab welchem Zeitpunkt erlangt ein Erlass Geltung? Gibt es hier Unterschiede hinsichtlich der Normstufe?
7. Was ist eine Verordnung?

Lösungen S. 108

Verfassungsgebung

8. Wie lassen sich die Änderungen der Bundesverfassung hinsichtlich ihres Umfangs unterscheiden? Welche Art von Revision stellt die Föderalismusreform von 2003 zum «Neuen Finanzausgleich» dar?
9. Wer kann eine Verfassungsänderung initiieren?
10. In welcher Form kann man eine Volksinitiative auf Teilrevision einreichen?
11. Welche formellen Hürden muss eine Volksinitiative bis zum Inkrafttreten nehmen?
12. Welche inhaltlichen Schranken gibt es für eine Volksinitiative?
13. Was besagt das Prinzip der Einheit der Materie; was wird damit geschützt?
14. Welche Bedeutung hat das völkerrechtliche «ius cogens» bei der Prüfung der Gültigkeit von Volksinitiativen?

Lösungen S. 111

Rechtsetzung durch das Parlament

15. Wodurch unterscheiden sich Gesetze im formellen und materiellen Sinn?
16. Welche Schritte durchläuft ein Bundesgesetz bis zum Inkrafttreten?
17. Was bezweckt das Vernehmlassungsverfahren?
18. Nach welchen Kriterien entscheidet sich, ob eine Norm in Gesetzesform zu erlassen ist?
19. In welcher Form sind die Grundsätze der Stimmabgabe auf Bundesebene zu regeln?
20. Welche Arten von Verordnungen kann das Parlament erlassen?
21. Was ist eine Motion?
22. Was versteht man unter einem Postulat?

Lösungen S. 113

Rechtsetzung durch die Exekutive

23. Welche Arten von unselbstständigen Verordnungen des Bundesrats gibt es?
24. Sind bei den unselbstständigen Verordnungen auch Mischformen von gesetzesvertretenden und Vollziehungsverordnungen denkbar?
25. Was ist eine Delegation von Rechtsetzungsbefugnissen, und unter welchen Voraussetzungen ist sie zulässig?
26. Wodurch unterscheiden sich Polizeinotverordnungen von Interessenswahrungsverordnungen?
27. In welchem Zusammenhang stehen BV 185 Abs. 3 zu den Polizeinotverordnungen und BV 36 Abs. 1 Satz 3 zur polizeilichen Generalklausel?
28. Nach BV 182 Abs. 2 sorgt der Bundesrat für den Vollzug der Gesetzgebung. Die Verfassung gibt ihm somit die Kompetenz zum Erlass von Vollziehungsverordnungen. Handelt es sich dabei um selbstständige oder unselbstständige Verordnungen?

Lösungen S. 115

Völkerrechtliche Verträge

29. Wer ist für den Abschluss völkerrechtlicher Verträge zuständig?
30. Welche völkerrechtliche Verträge unterliegen dem Referendum?
31. Unter welchen Voraussetzungen darf der Bundesrat völkerrechtliche Verträge vorläufig anwenden?
32. Können auch die Kantone völkerrechtliche Verträge abschliessen?
33. Was ist der Unterschied zwischen der Unterzeichnung und der Ratifikation eines Staatvertrags?
34. Wie werden völkerrechtliche Verträge durchgesetzt?

Lösungen S. 117

B. Übungsfälle

Übungsfall 1: Aufwertung des Frankens

Im Jahr 2011 stellt die starke Überbewertung des Schweizer Frankens zusammen mit der negativen weltwirtschaftlichen Lage ein hohes Risiko für die volkswirtschaftliche Entwicklung der Schweiz dar. Ein hoher Aussenwert des Frankens vermindert die preisliche Wettbewerbsfähigkeit der Schweizer Wirtschaft gegenüber ausländischen Konkurrenten erheblich. Der Bund beabsichtigt, die Auswirkung der Aufwertung des Frankens im zweiten Halbjahr 2011 abzufedern, und möchte dafür kurzfristig ein Bundesgesetz über Massnahmen zur Abfederung der Frankenstärke erlassen. Ist dies möglich?

Lösung S. 119

Übungsfall 2: Verordnungsarten

Um welche Verordnungsart handelt es sich nachfolgend?

a) Verordnung des Eidgenössischen Departements des Innern vom 20. Januar 1998 über den Strahlenschutz bei medizinischen Röntgenanlagen (SR 814.542.1);

b) Verordnung vom 22. August 2012 über Zweitwohnungen (SR 702; gilt bis zum Inkrafttreten der Ausführungsgesetzgebung zu BV 75b, dem Verfassungsartikel über Zweitwohnungen);

c) Verordnung des Bundesrats vom 9. Dezember 2011 über die Informatik und Telekommunikation in der Bundesverwaltung (SR 172.010.58);
d) Verordnung der Bundesversammlung vom 30. September 2011 über die Richterstellen am Bundesgericht (SR 173.110.1).

Lösungen S. 120

Übungsfall 3: Rückwirkende Volksinitiativen

Die eidgenössische Volksinitiative «40 Waffenplätze sind genug – Umweltschutz auch beim Militär» sieht ein Verbot der Neuerrichtung und Erweiterung von militärischen Übungs-, Schiess-, Waffen- und Flugplätzen vor. Dabei soll insbesondere der Bau des Waffenplatzes Neuchlen-Anschwilen in Herisau-Gossau verhindert werden. Die betreffende Übergangsbestimmung lautet: *«Soweit der Waffenplatz Herisau-Gossau im Gebiet Neuchlen-Anschwilen nach dem 1. April 1990 ausgebaut wird, ist der frühere Zustand wieder herzustellen.»*

Über die Initiative kann frühestens im Jahr 1993 abgestimmt werden. Ist die von den Initianten vorgesehene Übergangsbestimmung gültig?

Lösung S. 120

Übungsfall 4: Kraftwerksgebühren

Der Bund erhebt für die Aufsicht über die Grenzkraftwerke und für den Verwaltungsaufwand Gebühren. Muss diese Regelung in einem Gesetz im formellen Sinn enthalten sein?

Lösung S. 120

Übungsfall 5: Pflege der internationalen Beziehungen

Gemäss ParlG 60 müssen Organisation, Aufgaben und Verfahren von Delegationen, welche die Bundesversammlung in internationalen parlamentarischen Versammlungen oder im bilateralen Verkehr mit Parlamenten von Drittstaaten vertreten, in einer Verordnung der Bundesversammlung geregelt werden. Gestützt darauf wird die Verordnung der Bundesversammlung über die Pflege der internationalen Beziehungen des Parlamentes (VPiB) vom 28. September 2012 erlassen. Um welche Verordnungsart handelt es sich dabei?

Lösung S. 120

Übungsfall 6: Numerus clausus

Gemäss § 8 Abs. 3 des Gesetzes zur Pädagogischen Hochschule ordnet der Regierungsrat die Hochschulzulassung und die Patentierung der Schüler. Die Regierung möchte einen Numerus clausus für das Studium an der Pädagogischen Hochschule einführen und erlässt im entsprechenden Reglement folgenden neuen Art. 4bis Abs. 1: *«Zur Pädagogischen Hochschule dürfen nicht mehr als 100 Schüler zugelassen werden. Erfüllen mehr als 100 Schüler die Anforderungen gemäss Art. 4 Abs. 1, so erfolgt die Auswahl aufgrund der Leistungen in der Eignungsprüfung.»*

Clara möchte an der Pädagogischen Hochschule studieren. Sie absolvierte die Eignungsprüfung aber nicht als eine der 100 Besten und wird deshalb, obwohl sie alle anderen Voraussetzungen erfüllt, nicht zum Studium zugelassen. Welche Rügen könnte Clara vorbringen, wenn sie gegen den Entscheid den Rechtsweg beschreitet?

Lösung S. 121

Übungsfall 7: Vorbehalt zum UNO-Pakt II

Die Schweiz hat im Zeitpunkt der Ratifizierung des UNO-Pakts II folgenden Vorbehalt zu dessen Art. 25 Bst. b angebracht: *«Die Bestimmungen des kantonalen und kommunalen Rechts, welche vorsehen oder zulassen, dass Wahlen an Versammlungen nicht geheim durchgeführt werden, bleiben vorbehalten.»*

Erörtern Sie zunächst unter Bezugnahme auf die einschlägigen Rechtsnormen und die Praxis der zuständigen Organe, unter welchen Voraussetzungen ein solcher Vorbehalt zulässig ist.

Beurteilen Sie sodann die Zulässigkeit des Vorbehalts im konkreten Fall.

Lösungen S. 121

C. Leitentscheide

Honorarabgaben von Belegärzten

Genügende Bestimmtheit einer Delegationsnorm
BGE 121 I 230 E. 3

Gemäss dem Zuger Spitalgesetz haben Ärzte für die Ausübung einer privaten Tätigkeit innerhalb der Räumlichkeiten der subventionierten Spitäler und für die dementsprechende Benützung der Infrastruktur einen Teil der dabei erzielten Honorare abzuliefern. Die Höhe der Abgabe wird vom Regierungsrat linear festgelegt und darf 40 Prozent nicht übersteigen. Gestützt auf diese Bestimmung erhöht der Regierungsrat die Abgabe von 30 auf 35 Prozent. Dagegen machen die betroffene Ärzte unter anderem geltend, die Delegationsnorm räume dem Regierungsrat einen zu grossen Ermessensspielraum ein.

Im bundesgerichtlichen Verfahren ist unbestritten, dass das formelle Gesetz Objekt (Honorare für private Tätigkeit in subventionierten Spitälern) und Subjekt der Abgabe (Ärzte) festlegt und damit die ersten beiden Voraussetzungen an die gesetzliche Grundlage erfüllt (vgl. für Steuern BV 127 Abs. 1 und für die Delegation von Rechtssetzungsbefugnissen auf Bundesebene BV 164 Abs. 1 Bst. d). Bezüglich der Bemessungsgrundlage hält das Bundesgericht fest, dass die Delegationsnorm die Abgabehöhe nicht selbst festlegen muss, wenn die vom Staat erbrachte Leistung einen Handelswert aufweist, sodass die Bemessung der Abgabe nach dem Äquivalenzprinzip überprüft werden kann. Der Möglichkeit für die Belegärzte, die Spitalinfrastruktur zu benützen, kommt ein wirtschaftlicher Wert zu. Müsste der Arzt eine vergleichbare Infrastruktur selber aufbauen und unterhalten, so wäre das für ihn ebenfalls mit Kosten verbunden. Das Bundesgericht kommt zum Schluss, dass nach allgemeiner Lebenserfahrung ein Infrastrukturanteil von 35 Prozent des Umsatzes nicht offensichtlich unvernünftig hoch erscheint, und weist daher die Beschwerde ab.

Auch wenn der Entscheid im Ergebnis überzeugt, wäre es wünschenswert gewesen, wenn Bundesgericht und Vorinstanz in ihrer Begründung stärker auf die Finanzierung im konkreten Fall Bezug genommen hätten. Die neuere bundesgerichtliche Rechtsprechung hat hier die Tendenz, den Gebührenpflichtigen beträchtliche Substantiierungspflichten aufzuerlegen (vgl. etwa BGer v. 8. November 2010, 2C_722/2009, E. 3.6.3).

Glarnersach

Normdichte eines kantonalen Gesetzes im Bereich der staatlichen Wirtschaftstätigkeit
BGE 138 I 378 E. 7.1 ff.

In einer abstrakten Normenkontrolle hat das Bundesgericht das neue Gesetz über die Glarner Gebäudeversicherung Glarnersach zu überprüfen. Das Gesetz gibt der öffentlich-rechtlichen selbstständigen Anstalt das Recht, im Wettbewerb mit den privaten Versicherungsgesellschaften bewegliche Sachen und Gebäude gegen Feuer- und Elementarschäden sowie weitere Gefahren zu versichern. Streitig ist unter anderem, ob das Gesetz den Tätigkeitsbereich der Glarnersach genügend präzis umschreibt.

Gemäss der bundesgerichtlichen Rechtsprechung sind die Anforderungen an die Bestimmtheit der Norm bei der Leistungsverwaltung geringer als bei der Eingriffsverwaltung; im Bereich der wirtschaftlichen Tätigkeit des Staates könne die gesetzliche Grundlage nicht zu detailliert sein, um die unternehmerische Tätigkeit nicht zu behindern. Die gesetzliche Grundlage muss aber mindestens den Sachbereich umschreiben, in welchem die Tätigkeit erfolgen soll. Diese Voraussetzung ist gemäss dem Urteil vorliegend erfüllt.

Auch wenn das Bundesgericht betont, dass es hier nicht um einen Eingriff in die individualrechtliche Wirtschaftsfreiheit gehe, weshalb es die Anforderungen an die gesetzliche Grundlage herabsetzt, bleiben grundsätzlich die Delegationsregeln zu beachten, die auch ausserhalb des Grundrechtsbereichs gelten. Eine Gesetzesdelegation verlangt ebenfalls eine genügende Bestimmtheit der gesetzlichen Grundlage, worauf das Bundesgericht in seinem Urteil aber nicht näher eingeht (vgl. stattdessen GIOVANNI BIAGGINI in ZBl 113 [2012] 665, 671 f.). Dass das Bundesgericht die Anforderungen an die gesetzliche Grundlage – sowie an das öffentliche Interesse – für staatliche Wirtschaftstätigkeit so tief angesetzt hat, stiess in der Lehre auf Kritik (vgl. PETER HETTICH in AJP 2012, 1467, 1470 f. sowie ANDREAS LIENHARD in ZBJV 149 (2013) 773, 817 f.).

Einhaltung der Frist für das fakultative Referendum

Die Einhaltung der Referendumsfrist einschliesslich der rechtzeitigen Einholung der Stimmrechtsbescheinigungen liegt in der Verantwortung der Urheber des Referendums.

BGE 139 II 303 E. 7

Gegen das Steuerabkommen mit dem Vereinigten Königreich reichten verschiedene Referendumskomitees am letzten Tag der Referendumsfrist (27. September 2012) bei der Bundeskanzlei 47'363 gültige Unterschriften ein. Vier Tage später reichten sie weitere 2'888 Unterschriften nach. Die Bundeskanzlei verfügte, das Referendum gegen den Staatsvertrag mit dem Vereinigten Königreich sei nicht zustande gekommen, da die notwendigen 50'000 Unterschriften innert der Sammelfrist nicht eingereicht worden seien.

Ein Referendumskomitee gelangt dagegen an das Bundesgericht und rügt, dass 148 Gemeinden die Stimmrechtsbescheinigung zwischen dem 24. und dem 26. September per B-Post zurückgeschickt hätten. Eine A-Post-Sendung oder ein Hinweis ans Referendumskomitee, die Unterschriften seien abholbereit, hätte das Referendum rechtzeitig zustande kommen lassen.

Das Bundesgericht führt aus, dass BPR 62 Abs. 1 und 2 den Referendumsurhebern die Verantwortung für die rechtzeitige Einholung der Stimmrechtsbescheinigungen gebe. Sie müssen mögliche Ablaufstörungen einrechnen, die sich im üblichen Rahmen bewegen – wie beispielsweise, dass eine Rücksendung versehentlich mit B-Post erfolge. Die Komiteemitglieder hätten sich nicht bemüht, die Unterschriften rechtzeitig vor Ablauf der Referendumsfrist zurückzuerhalten, womit sie es selbst zu vertreten hätten, dass nicht genügend gültige Unterschriften bei der Bundeskanzlei eingetroffen seien. Das Bundesgericht weist die Beschwerde dementsprechend ab.

Dem Urteil kann im Ergebnis zugestimmt werden. Private müssen bei der Ausübung ihrer politischen Rechte grundsätzlich einplanen, dass gewisse Handlungen wie die Überprüfung von Unterschriften Zeit brauchen. Auf der anderen Seite darf von einer Behörde verlangt werden, dass sie per A-Post antwortet; dies umso mehr, wenn sie vom baldigen Ablauf einer Frist wissen muss.

Ungültigkeit von Volksinitiativen

Eine Volksinitiative ist nicht nur dann für ungültig zu erklären, wenn sie im Ergebnis, sondern auch in ihrer Begründung diskriminierend ist.
BGE 139 I 292 E. 7.2

Das Thurgauer Parlament erklärt eine Volksinitiative für ungültig, die eine Ergänzung des Volksschulgesetzes mit folgendem Paragrafen beabsichtigte: *«Lehrbücher, auch im religiösen Bereich, dürfen weder frauenfeindlich, rassistisch noch mörderisch sein.»*

Das Initiativkomitee gelangt dagegen an das Bundesgericht. Dieses hält fest, dass für die Beurteilung der materiellen Rechtmässigkeit einer Initiative deren Text zu berücksichtigen ist. Im vorliegend zu beurteilenden Fall stellt das Bundesgericht allerdings nicht nur auf den Initiativtext an sich ab, sondern greift für dessen Interpretation auch auf die Begründung der Initianten zurück. Aus letzterer werde ersichtlich, dass die Volksinitiative nur auf die Unterweisung im islamischen Glauben unter Verwendung entsprechender Sakralschriften abziele. Damit erweise sich die umstrittene Initiative als diskriminierend, womit sie gegen übergeordnetes Recht verstösst.

Vorbehalt zur EMRK

Abgrenzung eines Vorbehalts zur EMRK von einer interpretativen Erklärung
Urteil des EGMR *Belilos gegen Schweiz* Nr. 10328/83 vom 29. April 1988, Serie A 132 §§ 49 ff.

Die Studentin Marlène Belilos wird beschuldigt, gegen die Lausanner Polizeiordnung verstossen zu haben, indem sie an einer nicht bewilligten Kundgebung teilnahm. In ihrer Abwesenheit wird sie von der Städtischen Polizeikommission zur Zahlung einer Busse von CHF 200.– verurteilt. Das Kantonsgericht kann diese Entscheidung nur auf Verfahrens- und Rechtsfehler überprüfen, weshalb Marlène Belilos beim Bundesgericht eine Verletzung von EMRK 6 rügt. Diese Bestimmung garantiert das Recht, dass strafrechtliche Anklagen von einem unabhängigen und unparteiischen Gericht nicht nur in rechtlicher, sondern auch in sachverhaltsmässiger Hinsicht frei beurteilt werden können.

Das Bundesgericht hält fest, dass die Bedeutung von EMRK 6 Ziff. 1 unter Berücksichtigung der von der Schweiz wie folgt abgegebenen Erklärung bestimmt werden müsse: *«Für den Schweizerischen Bundesrat bezweckt die in EMRK 6 Ziff. 1 der Konvention enthaltene Garantie eines gerechten Prozesses nur, dass* *eine **letztinstanzliche** richterliche Prüfung der Akte oder Entscheidungen der öffentlichen Gewalt stattfindet.»*

Diese auslegende Erklärung erlaube, dass eine von einer Verwaltungsbehörde getroffene Entscheidung von einem Gericht nur mit Rechts- und ohne Sachverhaltskontrolle überprüft werden kann.

Der gegen diesen Entscheid angerufene EGMR stuft die «auslegende Erklärung» der Schweiz als Vorbehalt ein und erachtet diesen als unzulässig, da er in allgemeiner Art gefasst sei und damit gegen das explizite Verbot in EMRK 57 Ziff. 1 verstosse. Der Vorbehalt sei sowohl hinsichtlich der Art der erfassten Streitsachen mehrdeutig als auch in Bezug auf die Frage, ob eine letztinstanzliche richterliche Prüfung auch eine volle Sachverhaltsüberprüfung erfasse. Infolge des unzulässigen Vorbehalts sei die Schweiz daher vollumfänglich an die EMRK gebunden. Das Strafverfahren gegen Marlène Belilos genügte aber den Anforderungen vom EMRK 6 Ziff. 1 nicht, da der Entscheid der Polizeikommission eine strafrechtliche Anklage im Sinn der genannten Bestimmung darstellt und in der Folge keiner Kontrolle zugänglich war, die eine Beurteilung des Sachverhalts mit eingeschlossen hätte.

Beschränkung des Zweitwohnungsbaus

Die sofortige unmittelbare Anwendbarkeit einer Verfassungsbestimmung setzt voraus, dass Tatbestand und Rechtsfolgen genügend präzis formuliert sind.
BGE 139 II 243 E. 10

Im März 2012 wird die Volksinitiative «Schluss mit uferlosem Bau von Zweitwohnungen!» angenommen. Der Anteil von Zweitwohnungen am Gesamtbestand der Wohneinheiten und der für Wohnzwecke genutzten Bruttogeschossfläche einer Gemeinde ist nach der neuen Bestimmung von BV 75b auf höchstens 20 Prozent beschränkt. Im August 2012 erteilt die Gemeinde Brigels einem Unternehmen die Baubewilligung für ein Mehrfamilienhaus, wogegen sich mehrere Nachbarn bis vor Bundesgericht wehren.

Aus der neuen Verfassungsbestimmung ergibt sich gemäss dem Urteil des Bundesgerichts unmittelbar, dass keine weiteren Baubewilligungen für Zweitwohnungen erteilt werden dürfen, wenn in einer Gemeinde ein 20-prozentiger Anteil bereits erreicht wurde. Damit sind Tatbestand und Rechtsfolgen in Bezug auf den Normkern genügend klar und bestimmt formuliert, sodass dieser sofort angewendet werden kann. Dies führt im vorliegenden Fall zur Verweigerung der Baubewilligung.

4. Teil   Bundesbehörden

A. Repetitionsfragen

Grundprinzipien der Bundesbehörden

1. Welches sind die obersten Behörden des Bundes, und welche Funktionen kommen ihnen primär zu?
2. Wie ist die Schweiz als Staat aufgebaut?
3. Auf welche Weise wird die Macht der Bundesbehörden begrenzt?
4. Welche hauptsächlichen Ausprägungen des Gewaltenteilungsprinzips sind Ihnen bekannt?
5. Welche Rolle kommt dem Schweizer Volk in der Aufteilung Exekutive – Legislative – Judikative zu?
6. Wo wird in der Bundesverfassung das Gewaltenteilungsprinzip in seiner organisatorischen Ausprägung geregelt?
7. Das Gewaltenteilungsprinzip beinhaltet die getrennte Ausübung von Rechtsetzung und Rechtsanwendung durch zwei verschiedene Behörden. Inwieweit wird dieser Aspekt auf Bundesebene verwirklicht?
8. Ein Mitglied des Berner Gemeinderats (der Exekutive der Stadt Bern) wirft dem Stadtpräsidenten vor, dass er mit seiner gleichzeitigen Mitgliedschaft im Nationalrat das Prinzip der Gewaltenteilung verletze. Zu Recht?
9. Welche Kontrollbefugnisse stehen dem Bundesrat gegenüber dem Parlament zu, und wie verhält es sich umgekehrt?
10. Welche Arten von Verantwortlichkeit der Behördenmitglieder kennen Sie?
11. Die meisten europäischen Staaten garantieren den Mitgliedern ihrer Parlamente bestimmte Immunitäten. Weshalb?
12. Unter welchen Umständen können sich die Mitglieder von Bundesbehörden auf ihre absolute Immunität berufen?
13. Welchen Schutzbereich hat die absolute Immunität?
14. Welche Schritte sind bei der Frage, ob die relative Immunität in einem bestimmten Fall aufzuheben ist, zu prüfen? Wer ist dafür zuständig?
15. Was bezweckt das Öffentlichkeitsprinzip?
16. Wodurch unterscheiden sich Parteien und Verbände?

17. Was sind Parteisteuern? Gibt es Parteisteuern, die aus verfassungsrechtlicher Sicht problematisch sind?

Lösungen S. 122

Bundesversammlung

18. Auf welchen Grundsätzen basieren die Beratungen des eidgenössischen Parlaments?
19. Weshalb ist das Schweizer Parlament in zwei Kammern aufgeteilt? Welche Prinzipien des Staatsaufbaus stehen dahinter?
20. Welche Bedeutung kommt einem Milizparlament zu?
21. Wie wird der Nationalrat gewählt?
22. Nach welchem Kriterium werden die Nationalratssitze auf die Kantone aufgeteilt?
23. Wie wird der Ständerat gewählt? Können auch Ausländer Mitglieder des Ständerats werden?
24. Welches sind die Hauptaufgaben der Bundesversammlung?
25. Wie kann die Bundesversammlung die Oberaufsicht über den Bundesrat und die Bundesverwaltung ausüben?
26. Welche parlamentarische Instrumente hat die Bundesversammlung?
27. Wie verläuft das Verfahren zur Einsetzung einer parlamentarischen Untersuchungskommission (PUK)?
28. Welche Aufgaben hat die Vereinigte Bundesversammlung?
29. Was sind Fraktionen?

Lösungen S. 127

Bundesrat und Bundesverwaltung

30. Nach welchen Prinzipien ist der Bundesrat organisiert?
31. Welche Kompetenzen kommen dem Bundesrat zu?
32. Was beinhalten diese Kompetenzen?
33. Wodurch unterscheidet sich ein parlamentarisches von einem präsidentiellen Regierungssystem?
34. Wie verläuft die Wahl des Bundesrats?

35. Welche Unvereinbarkeitsgründe bestehen für die Bundesratsmitglieder?
36. Können Bundesräte abgewählt werden?
37. Was bedeutet die Zauberformel?
38. Wie ist die zentrale Bundesverwaltung aufgebaut?
39. In welcher Form besteht die dezentrale Bundesverwaltung?
40. Welches sind die Voraussetzungen der Aufgabenauslagerung an ausserhalb der Bundesverwaltung stehende Aufgabenträger?

Lösungen S. 129

Bundesgericht

41. Wie ist das Bundesgericht organisiert?
42. Wie wird man Bundesrichter oder Bundesrichterin?
43. Was versteht man unter Rechtsprechung?
44. Wie hat eine Abteilung des Bundesgerichts bei einer beabsichtigten Praxisänderung, die Entscheide einer anderen Abteilung betrifft, vorzugehen?
45. Inwiefern ist die Aussage, dass das Bundesgericht als Höchstgericht letztinstanzlich entscheidet, zu relativieren?
46. Sind alle Urteile des Bundesverwaltungsgerichts beim Bundesgericht anfechtbar?
47. Welche Elemente umfasst die richterliche Unabhängigkeit? Wie kommen diese auf Stufe des Bundesgerichts zum Ausdruck?
48. Wie beurteilen Sie die Vereinbarkeit des Erfordernisses der Wiederwahl in BV 145 mit der Europäischen Menschenrechtskonvention?

Lösungen S. 132

B. Übungsfälle

Übungsfall 1: Altersgrenze

Der älteste Nationalrat ist über 83 Jahre alt. Einige Parlamentarier möchten durch eine Gesetzesänderung eine Altersgrenze bei 70 Jahren einführen. Wäre die Umsetzung dieser Idee verfassungsmässig?

Lösung S. 134

Übungsfall 2: Fall Hildebrand

Die Staatsanwaltschaft Zürich eröffnet gegen Nationalrat Christoph Blocher im März 2012 ein Strafverfahren. Er wird verdächtigt, durch die Weiterleitung geheimer Bankdaten, die den Nationalbankpräsidenten Philipp Hildebrand belasten, das Bankgeheimnis verletzt oder jemanden zur Verletzung des Bankgeheimnisses angestiftet zu haben. Die Staatsanwaltschaft führt daher eine Hausdurchsuchung durch. Nationalrat Blocher stellt sich jedoch auf den Standpunkt, bei seinen Handlungen in der Affäre Hildebrand durch seine parlamentarische Immunität gedeckt gewesen zu sein. Stehen die Handlungen tatsächlich im Zusammenhang mit der amtlichen Stellung von Herrn Blocher?

Lösung S. 135

Übungsfall 3: Ein Bundespräsident auf Reisen

Hannibal Gaddafi, der Sohn des seinerzeitigen libyschen Revolutionsführers, steigt im Juli 2008 mit seiner Familie und seiner Entourage in einem Genfer Luxushotel ab. Ein paar Tage später suchen zwei seiner Hausangestellten bei den Behörden wegen angeblicher Misshandlungen Schutz. Hannibal wird daraufhin für zwei Tage vorübergehend inhaftiert. Sein Vater reagiert auf die turbulente Verhaftung empört, erlässt gegen die Schweiz verschiedene Embargomassnahmen und lässt zwei Schweizer in Libyen festhalten.

Ein paar Wochen danach reist der amtierende Bundespräsident Merz nach Tripolis, um die beiden Schweizer «Geiseln» zu befreien. Eine unmittelbare Freilassung kann er nicht erreichen, doch verpflichtet sich der amtierende libysche Premierminister in einem gemeinsam unterzeichneten Vertrag zur Gewährung von Ausreisevisa und zur Wiederherstellung der diplomatischen Beziehungen. Merz sichert im Gegenzug die Einsetzung eines Schiedsgerichts zu, das die Umstände von Hannibals Verhaftung prüfen soll.

In der Folge äussert sich Bundesrätin Widmer-Schlumpf über das Vorgehen des Bundespräsidenten überrascht. Sie habe vom Inhalt des Staatsvertrags keine Kenntnis gehabt. Beamte im Departement Merz vertreten demgegenüber den Standpunkt, dass der Präsident angesichts der drohenden Gefahr für die Schweizer Interessen keine Ermächtigung des Gesamtbundesrats benötigte.

Ist der völkerrechtliche Vertrag mit Libyen verbindlich? Wer ist für den Abschluss solcher Verträge zuständig?

Lösungen S. 135

Übungsfall 4: Sachverstand beim Tunnelbau

Bundesrat Moritz Leuenberger nimmt im Oktober 2010 in seiner Funktion als Vorsteher des Eidgenössischen Departements für Umwelt, Verkehr, Energie und Kommunikation (UVEK) am Gotthard-Durchstich teil, bei welchem das Unternehmen Implenia mit dem Tunnelbau beauftragt war. Einen Monat später nimmt der inzwischen abgetretene Bundesrat ein Verwaltungsratsmandat bei Implenia an. Ist dies zulässig?

Lösung S. 135

Übungsfall 5: Premierminister auf grünen Bänken

Mit einem Freund sehen Sie sich auf BBC «Prime Minister's Question Time» an. Ihr Freund empört sich darüber, dass der Premierminister nach der Beantwortung der Fragen nicht den Parlamentssaal verlässt. Bundesräte täten dies schliesslich auch. Sie halten dem entgegen, dass Minister im Vereinigten Königreich dem Parlament angehören. Ihr Freund meint daraufhin, dass dies illustriere, dass England keine Gewaltenteilung kenne und deshalb faktisch eine Diktatur sei.

Wie beurteilen Sie diesen Standpunkt aus verfassungsvergleichender Sicht?

Lösung S. 136

Übungsfall 6: Parteizugehörigkeit von Richtern

Vonlanthen verlangt von Huber die Zahlung von Schadenersatz. Der Präsident des zuständigen Bezirksgerichts ist ein alter Bekannter von Hubers Schwiegervater. Vonlanthen macht geltend, dass der Präsident deshalb in den Ausstand treten müsse. Ein Ausstand dränge sich umso mehr auf, als der Gerichtspräsident Hubers Schwiegervater bei dessen Kandidatur für einen Ständeratssitz aktiv unterstützte und die beiden Mitglied derselben politischen Partei sind.

Der Präsident lehnt es ab, in den Ausstand zu treten. Das kantonale Obergericht schützt diesen Entscheid. Wie beurteilen Sie die Erfolgschancen einer Beschwerde ans Bundesgericht?

Lösung S. 137

Übungsfall 7: Fall Schubarth

Bundesrichter Schubarth wird zur Last gelegt, er habe den Bundesgerichtskorrespondenten der NZZ bzw. einen hinter diesem stehenden Gerichtsschreiber im Foyer des Gerichts angespuckt. Der Bundesrichter erklärt daraufhin, er sei eventuell durch die Anwesenheit des Journalisten provoziert worden, der ihn bereits in verschiedenen Artikeln angegriffen habe, erwähnt aber auch einen Hustenanfall.

Als Reaktion auf diesen Vorfall beschliesst das Bundesgericht, den betreffenden Richter in der Rechtsprechung definitiv nicht mehr einzusetzen. Bestehen gegen ein solches Vorgehen Bedenken?

Lösung S. 138

Übungsfall 8: One Child, one Vote

Mit einer parlamentarischen Initiative fordert ein Nationalrat das Stimm- und Wahlrecht für Kinder ab Geburt. Dadurch würden die Kinder die politischen Prozesse erlernen, und die Parteien wären gezwungen, ihre Programme stärker an den jungen Wählern zu orientieren. Allenfalls könnten die Eltern diese Aufgabe für ihr Kind treuhänderisch übernehmen, bis die Kinder ihr Recht selbst wahrnehmen können.

Wie beurteilen Sie diesen Vorschlag aus rechtlicher Sicht?

Lösung S. 138

Übungsfall 9: Natürliche Quoren

Gemäss der Verfassung des Kantons Nidwalden bildet für die Wahlen in den Landrat (Parlament) jede politische Gemeinde einen Wahlkreis. Jeder Wahlkreis hat Anspruch auf mindestens zwei Sitze. Die Wahlen in den Landrat erfolgen nach dem Verhältniswahlverfahren. Die 60 Landratssitze werden auf elf Gemeinden verteilt. Aufgrund der Einwohnerzahlen ergeben sich pro Gemeinde die nachfolgenden natürlichen Quoren (Stimmenanteil für 1 Sitz):

- Stans   8,3 %
- Ennetmoos   25,0 %
- Dallenwil   25,0 %
- Stansstad   14,3 %

- Oberdorf 16,6 %
- Buochs 11,1 %
- Ennetbürgen 14,3 %
- Wolfenschiessen 25,0 %
- Beckenried 16,6 %
- Hergiswil 11,1 %
- Emmetten 33,3 %

Wird durch diese Aufteilung ein Teilgehalt von BV 34 verletzt?

Lösung S. 139

C. Leitentscheide

Bundesämter und Wochenendhäuser

Abstrakte und autonome Natur des Beschwerderechts der Bundesbehörden
BGE 136 II 359 E. 1.2

Alfred Meier baut auf seinem Grundstück eine Baracke ohne Bewilligung zu einem Wochenendhaus um. Nach wiederholten Aufforderungen der Gemeinde reicht er ein nachträgliches Baugesuch für die bisher nicht bewilligten Umbauten ein. Der Gemeinderat weist das Baugesuch ab und ordnet den Abbruch des Wochenendhauses an. Das dagegen angerufene Verwaltungsgericht bestätigt die von der Gemeinde erlassene Wiederherstellungsverfügung, nicht jedoch den Abbruchbefehl für einen Anbau. Das bis dahin am Verfahren nicht beteiligte Bundesamt für Raumentwicklung beantragt dem Bundesgericht mit Beschwerde in öffentlich-rechtlichen Angelegenheiten den Abbruch sämtlicher Bauten und Anlagen.

Das Bundesgericht hält fest, dass die zuständigen Bundesbehörden zwar berechtigt sind, am kantonalen Verfahren teilzunehmen (BGG 111 Abs. 2). Ihnen werden aber jeweils nur letztinstanzliche kantonale Entscheide eröffnet, sodass sie meistens erst nach dem Urteil der letzten kantonalen Instanz von der erstinstanzlichen Verfügung erfahren. Um ihre Aufsichtsfunktion wahrzunehmen, müssen die Bundesbehörden die Möglichkeit haben, eine Korrektur des erstinstanzlichen Entscheids zu verlangen, wenn dieser Bundesrecht verletzt. Das zuständige Bundesamt kann daher beim Bundesgericht Beschwerde führen, auch wenn es nicht am vorinstanzlichen Verfahren beteiligt war. Insgesamt sind die Legitimationsvoraussetzungen von BGG 89 Abs. 1 für Behördenbeschwerden nicht anwendbar. Das Bundesamt ist im vorliegenden Fall gemäss BGG 89 Abs. 2 Bst. a und Art. 48 Abs. 4 der Raumplanungsverordnung vom 28. Juni 2000 (SR 700.1) somit zur Beschwerde ans Bundesgericht legitimiert.

Parteienregister und Übertritte

Eine neu gegründete Partei hat keinen Anspruch auf Eintrag im Parteienregister, wenn das betreffende Mitglied des Nationalrats auf der Liste einer anderen Partei gewählt wurde.

BGE 129 II 305 E. 2

Nationalrat Roland Wiederkehr gründet kurz vor den Nationalratswahlen den Verein «Freies Forum Schweiz» und ersucht daraufhin die Bundeskanzlei um Eintragung in das Parteienregister des Bundes. Eingetragene Parteien geniessen bei den Vorbereitungen der Nationalratswahlen administrative Erleichterungen. Nach BPR 76a kann sich eine politische Partei bei der Bundeskanzlei registrieren lassen, wenn sie die Rechtsform eines Vereins aufweist und unter dem gleichen Namen mit mindestens einem Mitglied im Nationalrat oder mit mindestens je drei Mitgliedern in drei Kantonsparlamenten vertreten ist.

Die Bundeskanzlei lehnt die Eintragung ab, da Roland Wiederkehr bei der letzten Gesamterneuerungswahl auf der «Liste der Unabhängigen» gewählt und damit nicht bereits als Vertreter der betreffenden Partei gewählt worden sei. Das Bundesgericht schützt diese Auffassung gestützt auf die Materialien, wonach Erleichterungen nur jenen politischen Parteien zugutekommen sollten, die auf Dauer und mit einer minimalen Verbreitung bei der politischen Willensbildung mitwirken. Das Bundesgericht legt so ein grosses Gewicht auf den Zweck von BPR 76a und nimmt damit letztlich in Kauf, entgegen dem Wortlaut der Bestimmung zu entscheiden.

Neighbours from Hell

Die parlamentarische Immunität bezweckt den Schutz der Meinungsäusserungsfreiheit im Parlament sowie die Wahrung der Gewaltenteilung zwischen Legislative und Judikative.

Urteil des EGMR *A gegen das Vereinigte Königreich* Nr. 35373/97 vom 17. Dezember 2002 §§ 87 ff., ECHR 2002-X

Während einer Debatte zur Wohnungspolitik macht ein Parlamentsmitglied abfällige Bemerkungen über A und ihre Kinder und nennt sie unter anderem «Nachbarn aus der Hölle». A will dagegen gerichtlich vorgehen, bleibt damit jedoch wegen der Parlamentsimmunität erfolglos. Mit ihrer Beschwerde an den EGMR macht A geltend, die absolute Immunität des Parlamentsmitglieds verletze ihr Recht auf Zugang zu einem Gericht gemäss EMRK 6 Ziff. 1.

Der EGMR hält zwar fest, dass die Anschuldigungen durch den Abgeordneten sowie die wiederholte Nennung des Namens und der Adresse von A eindeutig unnötig waren. Allerdings sei in einer Demokratie das Parlament der massgebliche Kreis für politische Auseinandersetzungen und die absolute Immunität der Abgeordneten diene dazu, die Interessen des Parlaments als Ganzes zu schützen. Der EGMR befindet, dass sich die absolute parlamentarische Immunität im vorliegenden Fall im Rahmen des nationalen Beurteilungsspielraums über die Einschränkung des Rechts auf gerichtlichen Rechtsschutz bewegt.

Kandidatenmangel

Die Stimmbürger haben grundsätzlich die Möglichkeit, durch Einreichung eines eigenen, zu einer Überzahl von Kandidaten führenden Wahlvorschlags eine Volkswahl zu erzwingen.

BGE 112 Ia 233 E. 2e

Der Präsident eines kantonalen Strafgerichts wird als in stiller Wahl gewählt erklärt, da die Zahl der Vorgeschlagenen gleich gross war wie die Zahl der zu besetzenden Ämter. X macht dagegen geltend, dass dieses Wahlverfahren das Wahlrecht und die Wahlfreiheit der Stimmbürgerinnen und Stimmbürger verletze.

Das Bundesgericht erachtet das Wahlrecht der Stimmberechtigten für nicht beeinträchtigt, da die Bürgerinnen und Bürger eine stille Wahl dadurch hätten verhindern können, indem sie eigene Kandidaten vorschlagen. Daher ist es notwendig, dass in der amtlichen Wahlausschreibung auf die Möglichkeit der stillen Wahl, das Vorschlagsrecht der Stimmbürger und auf die weiteren Regeln über die Durchführung der Wahl in genügender Weise hingewiesen wird.

Der Entscheid verdient Zustimmung. Allerdings bleibt dazu anzumerken, dass Kandidaten, die von keiner Partei unterstützt werden, bloss geringen Wahlchancen haben. Von daher bleibt die Möglichkeit, solche Personen vorzuschlagen, eher theoretischer Natur.

Bezirksräte als Richter?

Der Zürcher Bezirksrat wird im zivilrechtlichen Bereich als Gericht im materiellen Sinn anerkannt.
BGE 139 III 98 E. 3 f.

Seit Anfang 2013 kann gestützt auf den neuen ZGB 450 Abs. 1 gegen Entscheide der Erwachsenenschutzbehörde Beschwerde beim zuständigen Gericht erhoben werden. Der Kanton Zürich hat als Beschwerdeinstanz den Bezirksrat eingesetzt. J macht dagegen geltend, dass diese Neuregelung die bundesgesetzliche Regelung des Erwachsenenschutzes und ZGB 450 Abs. 1 verletzt.

Obwohl der Wortlaut des soeben erwähnten Artikels klarerweise ein Gericht verlangt, ergibt sich gemäss dem Urteil des Bundesgerichts aus den Gesetzesmaterialien, dass die Kantone nicht gezwungen sind, als Beschwerdeinstanz ein Gericht im formellen Sinn einzusetzen. Da vielmehr ein Gericht *im materiellen Sinn* als Beschwerdeinstanz genüge, müsse geprüft werden, ob der Bezirksrat die Anforderungen an ein Gericht nach EMRK 6 Ziff. 1 und BV 30 Abs. 1 erfüllt.

Bei der Beurteilung, ob ein Organ ein unabhängiges Gericht nach EMRK 6 Ziff. 1 darstellt, ist einerseits auf die Art der Bestellung seiner Mitglieder und deren Amtsdauer abzustellen. Andererseits ist nach der Rechtsprechung des EGMR zu prüfen, ob Gewähr gegen äusseren Einfluss gegeben wird und ob das Organ ein Erscheinungsbild der Unabhängigkeit bietet (grundlegend *Campbell gegen Vereinigtes Königreich* Nr. 7819/77 vom 28. Juni 1984 §78, Serie A80).

Laut dem Urteil des Bundesgerichts handelt es sich bei den Zürcher Bezirksräten um von den Stimmberechtigten auf eine feste Amtsdauer gewählte Behörden, die sowohl gegenüber den anderen Behörden wie auch gegenüber den Parteien unabhängig und in ihrer zivilrechtlichen Rechtsprechung nicht weisungsgebunden seien. Die Entscheide beruhten auf einer vollständigen Sachverhaltsermittlung und freier Rechtsanwendung. Damit erfüllten die Bezirksräte im zivilrechtlichen Bereich die Anforderungen an ein Gericht im materiellen Sinn. Im Gegensatz seien sie im öffentlich-rechtlichen Bereich aufgrund der Verflechtung von Aufgaben und Funktionen im Gesetzesvollzug, in der Aufsicht und in der Rechtsprechung nicht als gerichtliche Instanz anzusehen.

In der Lehre wird dagegen die Ansicht vertreten, dass dem Bezirksrat die für eine gerichtliche Instanz nötige Unabhängigkeit fehlt, obwohl er im Bereich der zivilrechtlichen Rechtsprechung nicht weisungsgebunden ist. Denn dem Erwachsenenschutzrecht kommt trotz Regelung im ZGB grundsätzlich eine öffentlich-rechtliche Natur zu, weshalb das entsprechende Argument des Bundesgerichts nicht zu überzeugen vermag. Die Qualifikation einer Behörde als Gericht ist zudem nicht eine Frage des Zivilrechts, sondern des Justizverfassungsrechts. Im Bereich der Aufsicht und der Verwaltung haben die Bezirksräte neben der Rechtsprechung aber noch andere Aufgaben, die den Anschein einer Abhängigkeit von den übergeordneten Exekutivbehörden erwecken können (REGINA KIENER in ZBI 114 [2013] S. 265, 275 f. sowie GEORG MÜLLER in ZBI 114 [2013] S. 59, 66 ff.).

Steuerveranlagung en famille

Ein Richter darf nicht über einen Entscheid befinden, der möglicherweise von seiner Ehefrau beeinflusst wurde.
BGE 140 I 240 E. 2.3
Die Schwyzer Steuerverwaltung veranlagt ein Ehepaar mit einem steuerbaren Einkommen von CHF 3,4 Millionen und einem steuerbaren Vermögen von CHF 1,1 Millionen. Die Beschwerde des Ehepaars an das kantonale Verwaltungsgericht bleibt erfolglos. Das Ehepaar macht dagegen beim Bundesgericht geltend, dass es nach dem Urteil davon erfahren habe, dass einer der mitwirkenden Verwaltungsrichter mit der stellvertretenden Abteilungschefin der kantonalen Steuerverwaltung verheiratet sei.

Das Bundesgericht heisst die Beschwerde gut, da Umstände vorliegen, die bei objektiver Betrachtung geeignet sind, Misstrauen in die Unparteilichkeit des Richters zu erwecken: Der Abteilungsleiter bzw. seine Stellvertreterin der Steuerveranlagungsabteilung hat die Möglichkeit, auf jeden Einzelfall Einfluss zu nehmen, welcher später vom Verwaltungsgericht allenfalls überprüft werden muss. Ist ein Verwaltungsrichter mit einer solchen weisungsberechtigten Person verheiratet, könnte die Urteilsfindung des Richters von der Rechtsauffassung seiner Ehefrau beeinflusst werden. Deshalb darf bei diesen Konstellationen der Richter nicht über Entscheide solcher Behörden urteilen.

Unbequeme Richter

Die Entlassung eines Richters wurde zu Unrecht nicht von einer unabhängigen und unparteilichen Instanz beurteilt.
Urteil des EGMR *Volkov gegen die Ukraine* Nr. 21722/11 vom 9. Januar 2013 §§ 103 ff., ECHR 2013

Oleksandr Volkov ist seit 2004 als Richter am obersten ukrainischen Gericht tätig. Um ein mögliches berufliches Fehlverhalten zu untersuchen, stellen drei Mitglieder des Parlamentsausschusses Anträge beim «High Council of Justice». Letzterer lädt den Richter zu einer Anhörung vor, zu der Volkov wegen verspäteter Zustellung jedoch nicht erscheint. Das Parlament enthebt den Richter daraufhin wegen Eidbruchs seines Amts. Volkov gelangt dagegen an den EGMR und macht geltend, dass einige Mitglieder des «High Council of Justice», die Voruntersuchungen durchgeführt und Anträge auf dessen Amtsenthebung erhoben haben, am Absetzungsbeschluss teilgenommen hätten. Zudem sei die Mehrheit der Parlamentsmitglieder bei diesem Entscheid abwesend gewesen.

Angesichts der überwiegenden Macht des «High Council of Justice» in Bezug auf die Wahl und Abwahl von Richtern gelangte der EGMR zum Schluss, dass die Behörden es in diesem Fall versäumten, eine unabhängige und unparteiische Entscheidung zu gewährleisten. Es bestehen strukturelle Mängel im Verfahren sowie keine Richtlinien oder Praxis, die ein entsprechendes Vorgehen bei Disziplinarmassnahmen sicherstellen. Der EGMR stellt deshalb eine Verletzung von EMRK 6 Ziff. 1 fest.

5. Teil   Grundrechte

A. Repetitionsfragen

Grundlagen

1. Wodurch unterscheiden sich Menschenrechte, Grundrechte und Freiheitsrechte?
2. Sind auch Privatpersonen an die Grundrechte gebunden?
3. Welche Tragweite kommt den in den Kantonsverfassungen gewährleisteten Grundrechten zu?
4. Was ist der persönliche Schutzbereich eines Grundrechts?

Lösungen S. 139

Rechtsschutz

5. Wodurch unterscheidet sich die konkrete von der abstrakten Normenkontrolle?
6. Was bedeutet der Begriff des «schutzwürdigen Interesses»?
7. Wann kann vom Erfordernis des aktuellen und praktischen Interesses abgesehen werden?
8. Welches sind die Sachurteilsvoraussetzungen der Beschwerde in öffentlich-rechtlichen Angelegenheiten?
9. Was sind die Folgen, wenn eine der Sachurteilsvoraussetzungen nicht erfüllt ist?
10. Welches sind die Anfechtungsobjekte der subsidiären Verfassungsbeschwerde?
11. Wodurch unterscheidet sich die Legitimation zur subsidiären Verfassungsbeschwerde von jener zur Beschwerde in öffentlich-rechtlichen Angelegenheiten?
12. Kann mit der subsidiären Verfassungsbeschwerde die Verletzung des Willkürverbots gerügt werden?

Lösungen S. 141

Materielle Prüfung im Allgemeinen

13. Bei welchen Grundrechten gelangt BV 36 zur Anwendung?
14. Was unterscheidet echte von unechter Grundrechtskonkurrenz?

Lösungen S. 144

Einschränkung von Freiheitsrechten

15. Wie muss eine Norm ausgestaltet sein, dass sie einen Eingriff in ein Freiheitsrecht rechtfertigen kann?
16. Was sind öffentliche Interessen?
17. Wann ist eine Grundrechtseinschränkung verhältnismässig?

Lösungen S. 144

Verfassungsrechtlicher Persönlichkeitsschutz

18. Welche Doppelfunktion kommt der Menschenwürde zu?
19. Ab welchem Zeitpunkt ist das Rechtsgut Leben geschützt?
20. Kann man sich auf BV 10 Abs. 2 berufen, wenn man sich durch den Staat in seiner allgemeinen Handlungsfreiheit beeinträchtigt sieht?
21. Besteht das Recht auf persönliche Freiheit über den Tod hinaus?
22. Was bedeutet das «Non-Refoulement-Prinzip»?
23. BV 13 Abs. 1 gewährleistet unter anderem den Anspruch auf Achtung des Privatlebens. Welche Teilbereiche fallen darunter?
24. Wodurch unterscheiden sich das Recht auf Familienleben nach BV 13 und das Recht auf Ehe und Familie nach BV 14?
25. Was bedeutet informationelle Selbstbestimmung?
26. Eine Motion verlangt vom Bundesrat die Schaffung einer Rechtsgrundlage, die bei Asylbewerbern die Durchführung eines DNA-Tests erlaubt, da diese in der Schweiz Delikte verüben könnten. Ist dadurch ein Grundrecht betroffen?

Lösungen S. 145

Freiheitsrechte zum Schutz der Lebensgestaltung

27. Was gewährleistet die Niederlassungsfreiheit?
28. Unter welchen Voraussetzungen ist eine Wohnsitzpflicht für öffentliche Angestellte zulässig?
29. Das Tessiner Schulgesetz sieht den Gebrauch der italienischen Sprache in den öffentlichen und unter gewissen Bedingungen auch in den privaten Schulen zwingend vor. Ist dies mit der Sprachenfreiheit vereinbar?
30. Schützt die Sprachenfreiheit lediglich die Muttersprache?
31. Kann sich ein Kind selbstständig auf seine Glaubens- und Gewissensfreiheit berufen?
32. Was beinhaltet die negative Ausprägung der Glaubens- und Gewissensfreiheit?
33. Nach BV 72 Abs. 3 ist der Bau von Minaretten verboten. Verschiedentlich wird ausgeführt, dass dadurch die Religionsfreiheit der Muslime nicht berührt werde, da der Koran keine Minarette vorschreibe. Stimmt das?

Lösungen S. 147

Freiheitsrechte zum Schutz der Kommunikation

34. Gibt es bei den Kommunikationsgrundrechten ein Auffanggrundrecht? In welchem Ausnahmefall kann es auch neben einem spezifischeren Grundrecht zur Anwendung gelangen?
35. Erläutern Sie den Begriff der Meinung!
36. Die isländische Regierung plant, den Konsum von Pornografie mit einem staatlichen Internetfilter zu stoppen. Die Adressen von pornografischen Webseiten sollen gesperrt werden. Welche rechtlichen Probleme stellen sich dabei?
37. Besteht ein Anspruch auf eine Bewilligung zur Durchführung einer Demonstration auf öffentlichem Grund?

Lösungen S. 149

Freiheitsrechte und Wirtschaftsordnung

38. Kommt dem Streikrecht Drittwirkung zu?
39. Welche drei Funktionen hat die Wirtschaftsfreiheit und was beinhalten sie?
40. Wer kann sich auf die Wirtschaftsfreiheit berufen?
41. Ist ein kantonaler Fähigkeitsausweis auch in anderen Kantonen gültig?
42. Sind zahlenmässige Beschränkungen von Betrieben eines bestimmten Gewerbes mittels Bedürfnisklausel grundsatzkonform?
43. Wann ist der Erlass grundsatzwidriger Massnahmen erlaubt?
44. Wie unterscheidet sich der Grundsatz der Gleichbehandlung direkter Konkurrenten vom allgemeinen Rechtsgleichheitsgebot?
45. Was ist ein Monopol?
46. Schützt die Wirtschaftsfreiheit auch vor Konkurrenz durch staatliche Betriebe?
47. Welche drei Teilgehalte kommen der Eigentumsgarantie zu und was bedeuten sie?
48. Was beinhaltet der sachliche Schutzbereich der Eigentumsfreiheit nach BV 26?
49. Wie lässt sich eine entschädigungslose Eigentumsbeschränkung von einer materiellen Enteignung abgrenzen?
50. Was bedeutet die Sonderopfertheorie?

Lösungen S. 150

Rechtsstaatliche Garantien

51. Wer kann sich auf den allgemeinen Gleichheitssatz nach BV 8 Abs. 1 berufen?
52. Haben die Kantone aufgrund des Grundsatzes der Rechtsgleichheit ein Bundesgesetz gleich auszulegen?
53. Unter welchen Voraussetzungen ist eine Praxisänderung einer Behörde zulässig?
54. Ist BV 36 auf Fälle, welche die Rechtsgleichheit betreffen, anwendbar?
55. Wann liegt eine Diskriminierung vor?
56. Können sich auch Mitglieder historisch nicht benachteiligter Gruppen wie Männer, Weisse usw. auf das Diskriminierungsverbot berufen?

57. Was beinhaltet die Gleichberechtigung von Mann und Frau nach BV 8 Abs. 3?
58. Was bedeutet Willkür?
59. Unter welchen Voraussetzungen kann eine behördliche Auskunft einen Anspruch auf das Zugesicherte vermitteln?

Lösungen S. 153

Verfahrensgrundrechte

60. Welche Verfahrensgarantien sind formeller Natur, und was bedeutet das?
61. Welche Doppelfunktion kommt dem Anspruch auf rechtliches Gehör zu?
62. Kann eine Verletzung des rechtlichen Gehörs «geheilt» werden?
63. Wodurch unterscheiden sich Rechtsverzögerung und Rechtsverweigerung?
64. Vermittelt das Akteneinsichtsrecht einen Anspruch darauf, vor Ort Kopien der Verfahrensakten anfertigen zu dürfen?
65. Unter welchen Voraussetzungen muss einer Verfahrenspartei ein unentgeltlicher Rechtsbeistand bestellt werden?
66. Wodurch unterscheiden sich die Rechtsweggarantien von EMRK 6 Ziff. 1 und BV 29a?
67. Welches sind die Anforderungen an einen verfassungsmässigen Richter?
68. Weshalb gelten in Strafprozessen besondere Verfahrensgarantien?

Lösungen S. 155

Soziale Grundrechte

69. Haben auch illegal in der Schweiz Anwesende Anspruch auf Hilfe in Notlagen?
70. Darf die Ausrichtung der Nothilfe mit Auflagen und Bedingungen verknüpft werden?
71. Kinder und Jugendliche haben Anspruch auf ausreichenden Grundschulunterricht. Was ist darunter zu verstehen?

Lösungen S. 157

Politische Rechte

72. Was umfassen die politischen Rechte?
73. Welche Rügen können mit der Beschwerde in Stimmrechtssachen nach BGG 82 Bst. c erhoben werden?
74. Wer ist zur Erhebung der Stimmrechtsbeschwerde legitimiert?
75. Sind im Rahmen der freien Willensbildung behördliche Empfehlungen bei Sachabstimmungen oder Personenwahlen zulässig?
76. Unter welchen Voraussetzungen wird eine Wahl oder Abstimmung bei Mängeln bzw. Unregelmässigkeiten aufgehoben?
77. Welche Aspekte umfasst die Wahlrechtsgleichheit (BV 34 i.V.m. BV 8 Abs. 1)?
78. Haben auch Strafgefangene das Recht, abzustimmen oder zu wählen?

Lösungen S. 158

B. Übungsfälle

Übungsfall 1: Nur für «Helveter»

Die «Helvetia» ist eine schlagende Studentenverbindung. Gemäss ihren Statuten nimmt sie ausschliesslich Männer auf. Aufgrund des Rechts der Universität Basel darf die Helvetia die universitären Räumlichkeiten für Versammlungen benutzen und sich auf der Internetseite der Universität vorstellen.

Sarah Conrad bewirbt sich bei der «Helvetia» erfolglos um eine Mitgliedschaft. Kann sie sich dagegen mit Erfolg zur Wehr setzen?

Lösung S. 160

Übungsfall 2: Armer Benno

Hunziker führt Benno, den Hirten- und Schutzhund seines Schulfreunds Abderhalden, spazieren. Plötzlich greift Benno eine entgegenkommende Fahrradfahrerin an, reisst sie vom Rad und beisst sie in den Oberschenkel sowie in den rechten Oberarm. Erst nach mehreren Versuchen gelingt es Hunziker, Benno an der Leine zu sich zu zerren. Ein Ambulanzfahrzeug bringt die Fahrerin ins Spital, wo sie stationär behandelt werden muss. Hunziker kann den Hund nur mit Mühe in sein Haus zurückbringen. Der Polizei gelingt es wegen der Aggressivität und des schweren Gewichts des Hundes erst nach mehreren Versuchen und unter Beizug ihres Hundespezialisten, das Haus zu betreten und ihn in ein Tierheim zu bringen. Im Tierheim ist die Fütterung und Tränkung des Hunds ohne Gefährdung des Personals nicht möglich.

Der beigezogene stellvertretende Kantonstierarzt ordnet daraufhin die sofortige Einschläferung des Hunds an. Das Veterinäramt begründet dies unter Hinweis auf aTSchG 25, wonach es unverzüglich einschreiten und alle sich aufdrängenden Massnahmen anordnen kann, wenn es eine Vernachlässigung oder eine völlig unrichtige Haltung von Tieren feststelle. Abderhalden ist dagegen der Meinung, dass sein Hund zu Unrecht getötet wurde, da keine gesetzliche Grundlage dafür bestehe. Ausserdem fühlt er sich zu Unrecht in seinen Grundrechten eingeschränkt. Sein Rekurs an die Gesundheitsdirektion bleibt allerdings erfolglos. Wie schätzen Sie die Chancen einer Beschwerde ans kantonale Verwaltungsgericht ein?

Lösung S. 160

Übungsfall 3: Todesgefahr im Strafvollzug

Der schwer herzkranke A wird zu einer mehrjährigen Gefängnisstrafe verurteilt. Das Gefängnis verfügt zwar über einen medizinischen Notfalldienst; dieser ist jedoch nicht rund um die Uhr verfügbar und auch nicht speziell kardiologisch ausgerichtet. Der begutachtende Arzt hält A dennoch für haftstehungsfähig, vorausgesetzt allerdings, dass er intensiv medizinisch betreut und im Notfall sofort in ein geeignetes Spital überführt wird.

Darf die Gefängnisstrafe vollzogen werden?

Lösung S. 161

Übungsfall 4: Online-Fahndungsfotos

Bei Ausschreitungen nach einem Fussballspiel zwischen dem Fussballclub Basel und dem Fussballclub Zürich werden mehrere Personen verletzt, Autos in Brand gesetzt, Schaufensterscheiben eingeschlagen und ein Juweliergeschäft geplündert. Die Staatsanwaltschaft kann dank Videoaufzeichnungen zahlreiche Personen mit hoher Wahrscheinlichkeit einer konkreten Straftat zuordnen. Da sie die gesuchten Personen nicht auffinden kann, veröffentlicht sie die Bilder einiger Verdächtiger im Internet.

Wie beurteilen Sie dieses Vorgehen aus grundrechtlicher Sicht?

Lösung S. 161

Übungsfall 5: Ausgehverbot

In einer Berner Gemeinde dürfen unter 16-Jährige zwischen 22 und 6 Uhr nicht mehr auf die Strasse, es sei denn in Begleitung eines sorgeverantwortlichen oder -berechtigten Erwachsenen oder auf dem direkten Heimweg nach einem für Jugendliche zugelassenen Anlass.

Andreas wird wegen eines Verstosses gegen die Vorschrift gebüsst. Seine Eltern bestreiten zwar nicht, dass die Gemeinde für den Erlass solcher Vorschriften grundsätzlich zuständig ist. Sie sind jedoch der Ansicht, dass es sich dabei um einen unzulässigen Grundrechtseingriff handelt. Zu Recht?

Lösung S. 162

Übungsfall 6: Ehering in der Gefängniszelle

Der Kanton Zürich legt in einer Gefängnisverordnung fest, dass Gefangene gewisse Gegenstände nicht in ihre Zelle mitnehmen können. Ein Insasse beanstandet, dass ihm seine Uhr, sein Ehering, Fotos von Angehörigen, Schreibzeug und weitere Gegenstände abgenommen wurden.

Wie beurteilen Sie die Verfassungskonformität der erwähnten Massnahme?

Lösung S. 163

Übungsfall 7: Freitagsgebet in der Strafanstalt

Gemäss § 73 der Hausordnung der Strafanstalt Burghalden werden jeden Sonntag ein evangelisch-reformierter und ein katholischer Gottesdienst durchgeführt. Rund 30 Prozent der in der Strafanstalt Inhaftierten sind Muslime. Einige von ihnen möchten jeweils am Freitag einen gemeinsamen Gottesdienst abhalten. Die Strafanstalt weist ein entsprechendes Gesuch ab, da es nicht möglich sei, allen Glaubensrichtungen die Durchführung gemeinsamer Gottesdienste zu gestatten.

Einer der Inhaftierten macht in seinem Rekurs an die Justizdirektion geltend, der abschlägige Bescheid der Strafanstalt sei grundrechtswidrig. Die Justizdirektion weist den Rekurs mit der Begründung ab, dass die am Sonntag stattfindenden Gottesdienste aufgrund des klaren Wortlauts der Hausordnung allen Inhaftierten offen stünden. Eine Gutheissung des Gesuchs komme auch aufgrund der präjudiziellen Wirkung eines solchen Entscheids nicht infrage. Denn würde man Muslimen die Abhaltung eines Gottesdiensts gestatten, müsste man dasselbe Recht beispielsweise auch den zurzeit vier inhaftierten Hindu und den beiden jüdischen Strafgefangenen einräumen. Schliesslich seien die römisch-katholische und die evangelisch-reformierte Konfession im Kanton als Landeskirchen anerkannt. Bei den Muslimen und anderen Religionen sei dies aber gerade nicht der Fall.

Der von den Inhaftierten beauftragte Rechtsvertreter möchte von Ihnen wissen, wie Sie die Verfassungskonformität von § 73 der Hausordnung sowie die Chancen einer Beschwerde an das kantonale Verwaltungsgericht einschätzen.

Lösungen S. 163

Übungsfall 8: Austritt aus der römisch-katholischen Kirche

Frau Meyer versucht seit einigen Jahren erfolglos, aus der römisch-katholischen Kirchgemeinde Bern auszutreten. Mit Schreiben vom 15. Dezember 2014 teilt sie der Kirchgemeinde erneut ihren Austritt mit. Diese antwortet Frau Meyer, dass ihr Gesuch nicht eindeutig sei, da sich der Austrittswille offensichtlich nur auf die staatskirchenrechtliche Organisation, aber nicht auf die römisch-katholische Glaubensgemeinschaft beziehe. Damit sei die Erklärung unwirksam.

Wie beurteilen Sie die Auffassung der Kirchgemeinde aus verfassungsrechtlicher Sicht?

Lösung S. 164

Übungsfall 9: Kein Kopftuch ohne Praktizieren

Nach einer Regelung der Kantonsschule Wald dürfen muslimische Schülerinnen im Unterricht das Kopftuch tragen. Die muslimischen Schülerinnen, die das Kopftuch tragen, sollen jedoch auch die vorgeschriebenen Gebete absolvieren, also die religiösen Pflichten umfassend erfüllen.

Wie beurteilen Sie diese Regelung?

Lösung S. 164

Übungsfall 10: Stopp der israelischen Siedlungspolitik

Der Verein «Aktion Palästina-Solidarität» beauftragt die Allgemeine Plakatgesellschaft, im Zürcher Hauptbahnhof ein Plakat mit dem Titel «61 Jahre Israel –

61 Jahre Unrecht an den Palästinensern» auszuhängen. Dieses prangert mit eindrücklicher Wort- und Bildsprache die israelische Siedlungspolitik an.

Nach drei Tagen verbieten die Schweizerischen Bundesbahnen (SBB) den Aushang des Plakats gestützt auf ihr Reglement, wonach Werbung und Botschaften zu aussenpolitisch brisanten Themen für sämtliche Medien ausgeschlossen sind. Auf welches Grundrecht kann sich der Verein berufen? Liegt ein zulässiger Eingriff vor?

Lösungen S. 164

Übungsfall 11: Aufruf gegen «Justizwillkür»

Aufgrund eines anonymen Hinweises fängt die Polizei am Bahnhof Angehörige der Bürgerinitiative «Aufruf an das Volk» ab. Diese tragen Flugblätter auf sich, die sie gemäss eigenen Angaben in einem Reka-Dorf verteilen wollen, in dem zurzeit ein Bundesrichter mit seiner Familie die Ferien verbringt. Die Flugblätter enthalten unter anderen folgende Passage:

«Die drei Bundesrichter [X], [Y] und [Z] vernachlässigten ihre Amtspflichten erneut in gravierender Weise, als sie das Urteil 1C_985/2005 ihres Schreibers [A] durch die Windmühlen ihres Justizmolochs winkten [Namen und Privatadressen der Beteiligten im Originalflugblatt enthalten]*:*

- *Sie lassen 98 Prozent der rechtsuchenden Bürger ohne jegliche Begründung abblitzen.*
- *Sie vernichten die Dossiers der abgewiesenen Beschwerden, um keine Spuren ihres irrigen Treibens zu hinterlassen.*
- *Sie nehmen sich nicht einmal die Mühe, die Beschwerden zur Kenntnis zu nehmen, geschweige denn zu lesen.»*

Die Polizei beschlagnahmt daraufhin die Flugblätter. Dabei kann sie sich auf das kantonale Polizeigesetz stützen.

Die Bürgerinitiative ist der Auffassung, dass die Beschlagnahmung einer verfassungsrechtlich absolut verbotenen Zensur gleichkomme. Das Polizeidepartement weist einen Rekurs gegen die Beschlagnahmung ab. Zwar treffe es tatsächlich zu, dass die Bürgerinitiative im vom Flugblatt erwähnten Verfahren einen abschlägigen Entscheid erhalten habe. Dieser sei jedoch entgegen der Behauptung im Flugblatt begründet ergangen; zudem sei die Passage im Flugblatt ehrverletzend.

Stellt die Beschlagnahmung der Flugblätter einen unzulässigen Grundrechtseingriff dar?

Lösung S. 165

Übungsfall 12: Einbürgerung behinderter Kinder

Die Serbin Milena ist geistig behindert und versteht zwar deutsch und albanisch, kann sich aber nur mithilfe eines speziellen Computers oder in Gebärdensprache ausdrücken und hat ein sehr tiefes Bildungsniveau. Milena lebt seit ihrem fünften Altersjahr in der Schweiz und ist mit den schweizerischen Verhältnissen vertraut. Als sie acht Jahre alt wird, reichen ihre Eltern ein Gesuch um ordentliche Erteilung des Schweizer Bürgerrechts ein. Die Schwester und der Bruder von Milena sind bereits eingebürgert.

Die Gemeinde beschliesst, das Einbürgerungsgesuch nicht zu unterstützen, da Milena über keinen eigenen Willen zur Erlangung des Schweizer Bürgerrechts verfüge; es dürfe bei behinderten Personen keinen Einbürgerungsautomatismus geben und es seien keine klaren Vorteile ersichtlich, die bei einer allfälligen Einbürgerung das Leben von Milena erleichtern würden.

Die dagegen erhobenen Rechtsmittel bleiben auf kantonaler Ebene ohne Erfolg. Wie beurteilen Sie die Chancen einer Beschwerde ans Bundesgericht?

Lösung S. 166

Übungsfall 13: Shisha-Bar

Die Stimmberechtigten des Kantons Graubünden stimmen einem Gesetz zum Schutz vor Passivrauchen zu. Danach ist das Rauchen in öffentlich zugänglichen Innenräumen von Betrieben, die eine Bewilligung nach dem Gastgewerbegesetz benötigen, verboten.

Die Betreiberin einer Wasserpfeifenbar macht vor dem Bündner Verwaltungsgericht eine Verletzung des Rechtsgleichheitsgebots geltend, da ihr Betrieb mit Fumoirs und anderen Restaurants in einen Topf geworfen werde. Wie beurteilen Sie die Rüge?

Lösung S. 167

Übungsfall 14: Grundstückgewinnsteuer

Die Gemeinde verpflichtet Markus Fischer zur Entrichtung einer Grundstückgewinnsteuer. Dieser beanstandet vor dem Steuerrekursgericht erfolglos, dass andere Gemeinden in vergleichbaren Fällen keine Grundstückgewinnsteuern erheben würden. Wie beurteilen Sie die Erfolgschancen einer Beschwerde wegen Verletzung des Gleichbehandlungsgebots?

Lösung S. 167

Übungsfall 15: Milde für den «Schwarzen Block»

Anton Schneider figuriert als Mitunterzeichner in einem Zeitungsinserat, mit dem zum Gespräch mit dem «Schwarzen Block» aufgerufen wird. Für in eine Strafuntersuchung involvierte Personen fordern die Unterzeichner «Milde und Amnestie».

In einem Strafprozess gegen Teilnehmer einer Demonstration mit gewalttätigen Ausschreitungen, an der auch Mitglieder des «Schwarzen Blocks» beteiligt sind, lehnt die Staatsanwaltschaft Anton Schneider als Richter ohne Erfolg ab. Wie beurteilen Sie die Erfolgschancen einer Beschwerde gegen den ablehnenden Entscheid?

Lösung S. 168

Übungsfall 16: Taxitarife

Die Stadt St. Gallen möchte zum Schutz der Kunden vor Übervorteilung ihre Taxiverordnung wie folgt anpassen: *«Der Stadtrat erlässt nach Anhörung der Taxikommission eine verbindliche Tarifordnung.»*
Ist diese Regelung mit der Wirtschaftsfreiheit vereinbar?

Lösung S. 168

C. Leitentscheide

Keine Gastrokritiken am WEF

Zulässigkeit von auf die polizeiliche Generalklausel gestützten Sicherungsmassnahmen

Urteil des EGMR *Gsell gegen die Schweiz* Nr. 12675/05 vom 8. Oktober 2009 §§ 52 ff.

Im Rahmen des World Economic Forums (WEF) 2001 sichert die Kantonspolizei die Zufahrtswege nach Davos grossräumig mit verdichteten Personen- und Fahrzeugkontrollen. Der Journalist Gsell möchte für die Zeitung «Gastro-News» über die gastronomischen Aspekte des WEF berichten. Bei seiner Anreise nach Davos wird er von der Polizei angehalten, kontrolliert, an der Weiterfahrt gehindert und zur Rückkehr nach Klosters aufgefordert. Der Journalist gelangt dagegen an das Bundesgericht.

Gemäss dem Urteil besteht aufgrund von EMRK 10 ein Anspruch, sich aus allgemein zugänglichen Quellen aktiv zu informieren (heute nunmehr explizit BV 16 Abs. 3), seine Auffassungen weiterzugeben (BV 16 Abs. 2) und in der Presse zu verbreiten (BV 17 Abs. 1). Der Eingriff wurde mangels einer gesetzlichen Grundlage auf die polizeiliche Generalklausel gestützt. Ihre Voraussetzungen sind nunmehr explizit in BV 36 Abs. 1 Satz 2 umschrieben.

Das Bundesgericht stuft die Gefährdungslage anlässlich des WEF 2001 als sehr ernst und gravierend ein; die Gefährdung sei aber nicht voraussehbar oder im Einzelnen in typischer Form erkennbar gewesen. Deshalb sei die Fernhaltung des Journalisten gestützt auf die polizeiliche Generalklausel rechtmässig gewesen (BGE 130 I 369 E. 7.3).

Der von Gsell angerufene EGMR gelangt zu einer anderen Einschätzung: Aufgrund früherer Ereignisse sei es vorhersehbar gewesen, dass es auch am WEF 2001 zu gewalttätigen Demonstrationen kommen könnte. Der Kanton Graubünden muss deshalb in der Lage sein, rechtzeitig eine ausdrückliche gesetzliche Grundlage für Zugangsbeschränkungen zu schaffen. Die Berufung auf die polizeiliche Generalklausel zur Rechtfertigung der Fernhaltung des Journalisten ist damit unzulässig. Eine Einschränkung der Versammlungsfreiheit ist nur gegen die eigentlichen Urheber einer Störung zulässig, wozu der betroffene Journalist aber nicht gehört. Folglich liegt eine Verletzung von EMRK 10 vor.

Polizeilicher Schusswaffengebrauch

Denkbare verfassungskonforme Auslegung im Rahmen eines abstrakten Normenkontrollverfahrens
BGE 136 I 87 E. 4

Das neue Polizeigesetz des Kantons Zürich sieht in § 17 Abs. 1 vor, dass die Polizei in einer den Umständen angemessenen Weise von der Schusswaffe Gebrauch machen darf, wenn andere verfügbare Mittel nicht ausreichen. Zur Konkretisierung dieses Grundsatzes nennt die Bestimmung beispielhaft Konstellationen von zulässigen Schusswaffeneinsätzen. Gemäss Bst. b der Bestimmung kann der Gebrauch der Schusswaffe insbesondere dann gerechtfertigt sein, «wenn eine Person ein schweres Verbrechen oder ein schweres Vergehen begangen hat oder eines solchen dringend verdächtigt ist und sie fliehen will». Verschiedene Personen machen im Rahmen eines abstrakten Normenkontrollverfahrens die Verfassungswidrigkeit der Bestimmung geltend.

Das Bundesgericht deutet die Voraussetzung der schweren Straftat dahingehend, dass die fliehende Person eine besondere Gefährlichkeit oder Gewaltbereitschaft hat erkennen lassen, weil sie bewaffnet war oder die Straftat andere Menschen an Leib, Leben oder Gesundheit verletzt, gefährdet oder bedroht hat. Es legt den Tatbestand damit nicht nur repressiv, sondern auch präventiv aus, indem es verlangt, dass Schusswaffen zur Verhinderung der Flucht nur eingesetzt werden dürfen, wenn die schwere Straftat befürchten lässt, dass ein entsprechendes Gewaltpotenzial auch auf der Flucht umgesetzt wird. Damit wird der weite Wortlaut der Bestimmung auf dem Weg der Auslegung erheblich eingeschränkt, um eine verfassungskonforme Anwendung zu ermöglichen.

In der Lehre spricht man in diesem Zusammenhang auch von einer «teleologischen Reduktion»: Einer Bestimmung wird gestützt auf ihren Zweck eine Bedeutung beigemessen, die aus ihrem Wortlaut nicht hervorgeht. In einem konkreten Normenkontrollverfahren kann so vermieden werden, einer Bestimmung wegen ihrer Verfassungswidrigkeit die Anwendung zu versagen. Auch bei abstrakten Normenkontrollverfahren gilt der Grundsatz, dass eine Bestimmung nur dann aufgehoben wird, wenn sie sich einer verfassungskonformen Auslegung gänzlich entzieht. Es erscheint allerdings fraglich, ob die Umdeutung von Bestimmungen im Bereich der Massenverwaltung oder bei polizeilichen Eingriffen, die rasches Handeln erforderlich machen, Sinn macht. Das Bundesgericht geht hier in der verfassungskonformen Auslegung sehr weit. Auch eine verfassungskonforme Auslegung muss schliesslich durch die bekannten Auslegungsregeln begrenzt sein: Diese Grenzen werden überschritten, wenn eine Norm ergänzt wird, ohne dass dies eine Grundlage im Normtext hat (vgl. die Urteilsbesprechung von MATHIAS KAUFMANN und STEPHANIE WALTI in Sicherheit & Recht 2010 S. 136, 139 f.).

Trinkzwang

Erfordernis der Gesetzesform bei schweren Grundrechtseingriffen
BGE 90 I 29 E. 3a und 5b

B verursacht in deutlich betrunkenem Zustand einen schweren Autounfall mit sechs Toten. Im Rahmen eines Gutachtens wird ihm aufgetragen, dieselbe Menge Alkohol zu trinken, die er gemäss Zeugenaussagen vor dem Unfall zu sich genommen haben soll. B weigert sich und gelangt schliesslich ans Bundesgericht.

Die Anordnung, sich zu betrinken, stellt gemäss dem Urteil einen Eingriff in das Recht auf psychische Unversehrtheit gemäss BV 10 Abs. 2 dar. Denn letztere schützt auch die *Urteilsfähigkeit,* also die Fähigkeit, eine bestimmte Situation zu würdigen und sein Handeln nach dieser Einschätzung auszurichten. Da der Eingriff schwer wiegt, ist die Anordnung allein schon deshalb aufzuheben, weil im betreffenden Kanton keine gesetzliche Grundlage im formellen Sinn existiert. Die Frage, ob der Eingriff verhältnismässig ist, kann deshalb offengelassen werden.

Anonymisierung von Personendaten

Google Street View kann wegen unvollständiger Anonymisierung zu Persönlichkeitsrechtsverletzungen führen.
BGE 138 III 346 E. 10.7

Seit August 2009 bietet Google den Internetdienst «Street View» auch für die Schweiz an. Auf den Strassenbildern kann man unter anderem auch Personen, Fahrzeugkennzeichen sowie private Gärten erkennen. Die von Google zur Verwischung persönlicher Merkmale verwendete Software gestattet keine vollständige Anonymisierung solcher persönlicher Daten. Der Eidgenössische Datenschutz- und Öffentlichkeitsbeauftragte empfiehlt Google die Anonymisierung dieser Daten, was Google allerdings ablehnt. Auf Klage des Datenschutzbeauftragten verpflichtet das Bundesverwaltungsgericht Google unter anderem, vor der Internetveröffentlichung sämtliche Gesichter und Kontrollschilder unkenntlich zu machen. Das Bundesverwaltungsgericht erachtet die Wirtschaftsfreiheit zwar als berührt, den mit der Anonymisierung verbundenen Eingriff jedoch als verhältnismässig (Urteil A-7040/2009 vom 30. März 2011, E. 10). Google gelangt dagegen ans Bundesgericht.

Das Bundesgericht hält in seinem Urteil fest, dass bei der Verhältnismässigkeitsprüfung neben Googles wirtschaftlichem Interesse auch das Interesse Dritter an der Nutzung von «Street View» zu berücksichtigen ist. Diesen Interessen sind die Rechte der Betroffenen gegenüberzustellen, mithin das Recht auf Achtung der Privatsphäre und das Recht am eigenen Bild. Das verfassungsmässig geschützte Recht auf informelle Selbstbestimmung gemäss BV 13 Abs. 2 und EMRK 8 Ziff. 1 verleiht dem Einzelnen die Herrschaft über seine personenbezogenen Daten, ohne Rücksicht darauf, wie sensibel die fraglichen Informationen tatsächlich sind. Aufgrund des hohen Aufwands einer individualisierten Anonymisierung ist in Kauf zu nehmen, dass ungefähr ein Prozent der Bilder weiterhin in nicht anonymisierter Form einsehbar sind und erst auf Anzeige der Betroffenen nachträglich unkenntlich gemacht werden. Im Bereich sensibler Einrichtungen wie Spitälern, Frauenhäusern, Gerichten usw. sind hingegen Personen und Kennzeichen vollständig zu anonymisieren, bevor sie auf dem Netz verfügbar gemacht werden.

Yoga im Kindergarten

In einem Kindergarten praktizierte Yogaübungen verletzen das Gebot des religiös neutralen Unterrichts so lange nicht, als damit keine bekenntnishaften Akte verbunden sind.

BGer v. 14. Februar 2013, 2C_897/2012, E. 4.3.1

Der fünfjährige Alex macht im Kindergarten im Rahmen des Unterrichts regelmässig Yogaübungen. Seine Eltern ersuchen die Kindergartenleitung erfolglos, Alex davon zu befreien, da Yoga eine hinduistische Praxis sei. Bezirksrat und Verwaltungsgericht erachten Alex' Glaubens- und Gewissensfreiheit und das religiöse Erziehungsrecht seiner Eltern als nicht berührt und die Verpflichtung öffentlicher Schulen zu religiöser Neutralität als nicht verletzt, da Yoga als Breitensport seine kultische Bedeutung nunmehr verloren habe.

Das Bundesgericht stellt dagegen für die Beurteilung des sachlichen Schutzbereichs der Glaubens- und Gewissensfreiheit nicht auf die Auffassung der Allgemeinheit ab, sondern darauf, was der Gläubige selbst als Religion erachtet. Da Alex' Eltern die Yogaübungen als religiös begründet ansehen und sich daher in ihrer negativen Religionsfreiheit beeinträchtigt fühlen, wird ihr Gesuch, nicht in religiöse Praktiken einbezogen zu werden, vom Schutzbereich der Glaubens-

und Gewissensfreiheit erfasst. Das Bundesgericht wertet das religiöse Neutralitätsgebot aber als gewahrt, solange kein bekenntnishafter Akt von den Schülern erwartet wird. Dies ist bei Yogaübungen der Fall, da diese auch rein motorisch-akrobatisch und damit losgelöst von Glaubensbekenntnissen praktiziert werden können. Da der Yogaunterricht im vorliegend zu beurteilenden Fall von keinen religionsspezifischen Handlungen oder Äusserungen begleitet wurde, wurde das Neutralitätsgebot eingehalten.

Obligatorischer Schwimmunterricht für Muslime

Muslimische Mädchen müssen auch nach Erreichen der Pubertät den obligatorischen Schwimmunterricht besuchen.
BGer v. 11. April 2013, 2C_1079/2012, E. 3.5.2

Anuschka soll in der Sekundarschule den obligatorischen Schwimmunterricht besuchen. Ihre Eltern stellen ein Gesuch um Dispensation, da der Unterricht von einem Schwimmlehrer erteilt wird und der Koran solches verbiete. Die Schule lehnt das Gesuch ab. Dagegen machen die Eltern vor den kantonalen Instanzen geltend, dass Anuschkas Fall nicht mit jenem der beiden Knaben in Schaffhausen verglichen werden könne, da diese im Zeitpunkt des Gesuchs das Pubertätsalter noch nicht erreicht hätten (vgl. BGE 135 I 79 E. 7). Der Koran verlange aber, dass der weibliche Körper ab Geschlechtsreife bedeckt werden soll. Als Angehörige der Glaubensrichtung der Schiiten dürfe Anuschka auch dann nicht unter männlicher Aufsicht schwimmen, wenn sie einen Ganzkörperschwimmanzug (sogenannter Burkini) tragen würde. Das Verwaltungsgericht hält dem das enorme Gewicht entgegen, das der sozialisierenden Funktion des Schwimmunterrichts zukommt. Die Eltern gelangen dagegen zusammen mit Anuschka ans Bundesgericht.

Gemäss dem Urteil des Bundesgerichts wurde der Tatsache, dass Anuschka bereits das Pubertätsalter erreicht hat, genügend Rechnung getragen. Zunächst ist der Schwimmunterricht – anders als im genannten BGE 135 I 79 – nach Geschlechtern getrennt. Sodann ist kein körperlicher Kontakt zwischen Schwimmlehrer und Schülerinnen nötig, da diese bereits schwimmen können. Anuschka wurde schliesslich gestattet, einen Burkini zu tragen. Unter diesen Umständen liegt lediglich ein geringfügiger Eingriff in ihre Glaubens- und Gewissensfreiheit vor, der aufgrund der integrativen Wirkung des obligatorischen Schwimmunterrichts und des grundsätzlichen Vorrangs schulischer Pflichten vor der Beachtung religiöser Gebote einzelner Bevölkerungsteile gerechtfertigt ist.

Zulässige Kritik oder unzulässige Diffamierung?

Zulässiges Verbot des öffentlichen Rassismusvorwurfs gegenüber einem Politiker
BGE 138 III 641 E. 4.2 f.

Anlässlich einer Rede an der Kundgebung für die Minarettinitiative betont der Präsident der Jungen SVP unter anderem, es sei an der Zeit, der Ausbreitung des Islams Einhalt zu gebieten; die «Schweizer Leitkultur», welcher das Christentum zugrunde liege, dürfe sich nicht von anderen Kulturen verdrängen lassen. Die Stiftung gegen Rassismus und Antisemitismus veröffentlicht auf ihrer Website in der Rubrik «Verbaler Rassismus» einen Eintrag über die Rede. Der Präsident klagt gegen die Stiftung wegen Persönlichkeitsverletzung. Die kantonalen Instanzen kommen zum Schluss, der Interneteintrag verletze den Parteipräsidenten in seiner Ehre und damit in seiner Persönlichkeit und ordnen deshalb an, dass der Beitrag vom Netz genommen werden müsse. Dagegen macht die Stiftung vor Bundesgericht geltend, dass sie sich für die Publikation auf ein überwiegendes Interesse im Sinn von ZGB 28 Abs. 2 berufen könne.

Laut dem Urteil des Bundesgerichts enthält die Zuordnung der Rede des Parteipräsidenten in die Rubrik «Verbaler Rassismus» eine Wertung. Von einem Durchschnittsadressaten würden sie nicht als eine pauschale Herabsetzung von Muslimen verstanden. Deshalb könnten sie auch nicht als «verbaler Rassismus» bezeichnet werden und zeigten den Parteipräsidenten folglich in einem falschen Licht. Demzufolge sei die Publikation auch nicht durch ein überwiegendes Interesse im Sinn von ZGB 28 Abs. 2 gerechtfertigt.

Das Urteil lässt offen, ob sich die Stiftung gegen Rassismus auf einen Informationsauftrag berufen kann, der mit jenem der Presse vergleichbar ist. Das überrascht insofern, als man diese Frage als durchaus entscheidrelevant ansehen kann (vgl. GIUSEP NAY in AJP 2012, 1809 ff.). So hatte der EGMR einen Fall zu beurteilen, in dem die Freiheitspartei Österreichs (FPÖ) mit dem Volksbegehren «Österreich zuerst» unter anderem einen vollständigen Einwanderungsstopp und die Ausschaffung krimineller Ausländer forderte. Ein Verein beschuldigte die FPÖ daraufhin der rassistischen Hetze. Der EGMR erachtete dies als durch die Meinungsfreiheit gedeckt, da der Verein mit seinem Vorwurf seinen Unmut über das einwanderungsfeindliche Volksbegehren zum Ausdruck brachte *(Unabhängige Initiative Informationsvielfalt gegen Österreich* vom 26. Februar 2002, Nr. 28525/95 §§ 46 f. ECHR 2002-I). Gesteht man der Stiftung gegen Rassismus und Antisemitismus einen vergleichbaren Informationsauftrag zu, erscheint das Verbot des Interneteintrags als unverhältnismässig.

My Mate's a Primate

Zulässiges Verbot eines Fernsehspots

Urteil des EGMR *Animal Defenders International gegen Vereinigtes Königreich* **Nr. 48876/08 vom 22. April 2013 §§ 114–118, ECHR 2013**

Die Tierrechtsorganisation Animal Defenders International möchte in ihrem Werbespot «My Mate's A Primate» zuerst ein kleines Mädchen und danach einen Schimpansen in einem Käfig zeigen. Die zuständige Behörde erachtet diesen Spot als politische Werbung, deren Ausstrahlung nach englischem Recht verboten ist. Die Tierrechtsorganisation macht vor EGMR eine Verletzung ihrer Meinungsäusserungsfreiheit geltend.

Das Verbot berührt die Meinungsäusserungsfreiheit in EMRK 10. Mit dem gesetzlichen Verbot politischer Werbung besteht dafür eine genügende Grundlage. Dieses will verhindern, dass finanziell starke politische Gruppierungen die Medien mit teuren Werbespots dominieren und so ihre Unparteilichkeit infrage stellen. Dabei handelt es sich um ein zulässiges öffentliches Interesse, insbesondere auch deshalb, da Radio und Fernsehen regelmässig zu Angelegenheiten von öffentlichem Interesse berichten.

Das Verbot ist auf Radio und Fernsehen und damit die einflussreichsten und teuersten Medien beschränkt. Damit stehen der Tierschutzorganisation andere Medien wie die Presse, das Internet oder soziale Medien zur Verfügung. Der EGMR erachtet das Ausstrahlungsverbot im Gegensatz zu jenem gegenüber dem Verein gegen Tierfabriken (Urteil Nr. 24699/94 vom 6. April 2000) als verhältnismässig. Das überrascht insofern, als im konkreten Fall nicht zu befürchten ist, dass Nichtregierungsorganisationen wie die Animal Defenders International die britischen Medien mit ihren Spots dominieren könnten.

Eine Minderheit der Kammer stört sich daran, dass im vorliegenden Fall alle nationalen und lokalen Fernseh- und Rundfunksender – ob öffentlich oder privat – in den Anwendungsbereich des Verbots fallen, womit dieses weiter ist als das Verbot, das im Fall Verein gegen Tierfabriken gegen die Schweiz als übermässig angesehen wurde. Dies obwohl ansonsten kaum Unterschiede zum Fall Verein gegen Tierfabriken bestehen.

Zulässiges Verbot von Klonwerbung

Nationaler Beurteilungsspielraum beim Entscheid über die Zulassung einer Plakatkampagne auf öffentlichem Grund
Urteil des EGMR *Mouvement Raëlien Suisse* gegen die Schweiz Nr. 16354/06 vom 13. Juli 2012 §§ 62 ff., ECHR 2012

Der Verein «Mouvement Raëlien Suisse» bezweckt nach eigenem Bekunden «den Kontakt mit den Ausserirdischen sicherzustellen und mit ihnen gute Beziehungen aufzubauen». Er ersucht die Stadt Neuenburg um Bewilligung einer Plakatkampagne. Die Plakate tragen die Überschrift «Le Message donné par les Extra-Terrestres» und enthalten Abbildungen von Köpfen von Ausserirdischen. Unter dem Satz «La science remplace enfin la religion» sind die Telefonnummer und die Internetseite der Raël-Bewegung angegeben. Die Stadt lehnt das Gesuch ab, da sie eine Gefahr für die öffentlichen Ordnung und Sicherheit befürchtet.

Die dagegen angerufenen kantonalen Instanzen und das Bundesgericht erachten die Meinungsfreiheit gemäss BV 16 und EMRK 10 als berührt. Das Bundesgericht erachtet das Verbot jedoch als verhältnismässig. Zwar verstosse das Plakat selbst nicht gegen die öffentliche Ordnung, aber die genannte Internetseite mache deutlich, dass der Verein das verbotene Klonen von Menschen, Pädophilie und eine Weltherrschaft der «Genies» (sogenannte «Geniokratie») befürworte. Ein Verbot sei geeignet, die Begehung von strafbaren Handlungen zu verhindern. Zudem werde dem Verein lediglich die Anzeige auf öffentlichem Grund verboten, wobei er die Möglichkeit habe, seine Meinung durch andere Kommunikationsmittel auszudrücken (BGer v. 20. September 2005, 1P.336/2005, E. 5.3 ff.). Die Vereinigung gelangt dagegen an den EGMR.

Eine knappe Mehrheit der Grossen Kammer hält den Eingriff für gerechtfertigt. Sie taxierte das Plakat als zwischen Werbung und Missionierung liegend und nicht als politisch. Daher gesteht sie den Schweizer Behörden bei der Interessenabwägung im Rahmen von EMRK 10 Ziff. 2 einen weiten Beurteilungsspielraum zu und überprüft lediglich, ob die vorgenommene Abwägung vernünftig war. Angesichts der überzeugenden Begründung der kantonalen Behörden und insbesondere des Bundesgerichts wird diese Frage bejaht. Nach der Mehrheit ist die Ablehnung des Gesuchs insbesondere auch deshalb gerechtfertigt, da die Bewegung ihre Ansichten weiter über ihre Website und auf anderem Weg verbreiten kann.

Die Minderheit der Kammer hält dagegen im Wesentlichen fest, es sei stossend, dem Verein, der rechtmässig gegründet sei und eine Website führe, die nicht verboten sei, die Förderung seiner Ideen durch Plakate zu verbieten. Das Plakat selbst enthalte weder im Text noch in den Illustrationen etwas Unrechtmässiges. Dass Äusserungen auf Plakaten, die auf öffentlichem Grund aufgehängt werden, dem Gemeinwesen zugerechnet werden könnten, sei unrealistisch.

Die Auffassung der Minderheit verdient nach der hier vertretenen Auffassung Zustimmung. Der Verweis auf die Website allein kann ein Verbot kaum rechtfertigen. Dass sich die Mehrheit der Kammer der Beurteilung der innerstaatlichen Gerichte angeschlossen hat, liegt vor allem daran, dass das Bundesgericht sein Urteil äusserst sorgfältig und differenziert begründet hat. In solchen Fällen auferlegt sich der EGMR jeweils eine gewisse Zurückhaltung. (Vgl. zu den Grenzen der Meinungsäusserungsfreiheit und dem nationalen Beurteilungsspielraum auch Perinçek gegen die Schweiz Nr. 27510/08 v. 17. Dezember 2013, § 113.)

Behindertentransport nur für Weisse

Verletzung der Vereinigungsfreiheit aufgrund ungenügenden Kündigungsschutzes

Urteil des EGMR *Redfearn gegen Vereinigtes Königreich* **Nr. 47335/06 vom 6. November 2012 §§ 42 ff.**

Arthur Redfearn befördert bei seiner Arbeit für die privaten Behinderten-Fahrtendienste überwiegend Personen asiatischer Abstammung. Nach seiner Wahl für einen Stadtratssitz der rechtsextremen British National Party wird ihm seine Stelle mit der Begründung gekündigt, dass seine politischen Ansichten die Fahrgäste erschrecken könnten. Redfearn sieht dadurch sein Recht verletzt, einer politischen Partei und damit einer Vereinigung gemäss EMRK 11 anzugehören.

Nach dem Urteil des EGMR bezweckt EMRK 11 eigentlich, den Einzelnen gegen Eingriffe von Behörden – und nicht von einem privaten Arbeitgeber – zu schützen. Aufgrund EMRK 11 können die nationalen Behörden aber unter Umständen auch verpflichtet werden, in die Beziehungen zwischen Privaten einzugreifen und Massnahmen zur Sicherung der Vereinigungsfreiheit zu ergreifen. Nach Auffassung der Mehrheit der Kammer gewährt das britische Arbeitsrecht bei einer Kündigung aus Gründen der politischen Zugehörigkeit keinen genügenden Schutz. Aus diesem Grund bejaht sie eine Verletzung der Vereinigungsfreiheit und fordert das Vereinigte Königreich zur Anpassung der entsprechenden nationalen Gesetze auf.

Eine Minderheit der Kammer ist dagegen der Ansicht, dass den Staaten dadurch übermässige Verpflichtungen zum Schutz vor politisch begründeten Kündigungen in Privatunternehmen verlangt würden. Die Konvention erlange so eine mittelbare Drittwirkung, die vom Konventionstext nicht mehr erfasst sei. Dieser Standpunkt erscheint nach der hier vertretenen Auffassung bedenkenswert.

Blockade der Presses Centrales

Unverhältnismässige Blockade eines Medienunternehmens bei der Auseinandersetzung um einen neuen Gesamtarbeitsvertrag
BGE 132 III 122 E. 4.5.4 = Pra 95 (2006) Nr. 107
Mitglieder der Gewerkschaft Comedia versuchen das Lausanner Medienunternehmen Presses Centrales mit einer Blockade der verschiedenen Zugänge zur Betriebsliegenschaft zu einer Unterzeichnung des neuen Gesamtarbeitsvertrags zu bewegen. Presses Centrales klagt daraufhin gegen die Comedia wegen Erwerbsausfalls. Letztere macht vor den kantonalen Instanzen ohne Erfolg geltend, dass die Blockade in einem Arbeitskampf erlaubt sei.

Das Bundesgericht sieht die ersten drei Voraussetzungen für eine erlaubte Kampfmassnahme für erfüllt an (vgl. BV 28). Die Blockade wurde von einer Gewerkschaft organisiert, hat einen Bezug zu Arbeitsbeziehungen und wurde durch den geltenden Kollektivvertrag nicht ausgeschlossen. Die vierte Voraussetzung der Verhältnismässigkeit ist dagegen nicht erfüllt. Zulässig sind zwar Streikposten, mit denen Arbeitnehmende friedlich am Zugang zum Unternehmen gehindert werden. Die Eskalation, zu der es im konkreten Fall kam, ist dagegen klar ungerechtfertigt. So wurden von den Akteuren Schäden an einer Absperrvorrichtung sowie an Fenstern und Reifen eines Lastwagens verursacht. Zudem kam es zu tätlichen Auseinandersetzungen zwischen einem Lastwagenfahrer und Mitarbeitenden des Presseunternehmens. Die Gewerkschaft kann sich damit im zivilrechtlichen Verfahren nicht auf eine zulässige Ausübung des Streikrechts berufen.

Je grösser, desto besser

Es ist mit dem Gebot des fairen Wettbewerbs vereinbar, wenn die Gemeinde von mehreren Angeboten für das Riesenrad am Herbstjahrmarkt jeweils das grösste auswählt, auch wenn dieses stets wieder vom selben Anbieter stammt.

BGE 128 I 136 E. 4.1–4.2

Die Courdeur & Stettler AG bewirbt sich seit mehreren Jahren erfolglos um einen Standplatz für ihr Riesenrad auf dem St. Galler Herbstjahresmarkt. Die Stadt St. Gallen erteilt die Bewilligung stattdessen regelmässig der Funair AG, die ein grösseres Riesenrad besitzt. Im Jahr 2000 hat die Courdeur & Stettler davon genug und gelangt gegen den abschlägigen Entscheid an das kantonale Volkswirtschaftsdepartement. Dieses hebt die Bewilligungsverweigerung mit der Begründung auf, dass die städtische Bewilligungspraxis gegen den aus der Wirtschaftsfreiheit folgenden Grundsatz der Gleichbehandlung der direkten Konkurrenten verstosse. Die Stadt St. Gallen macht dagegen vor Verwaltungsgericht geltend, dass die Bewilligungserteilung an den Konkurrenten mit dem besten Angebot den Wettbewerb nicht unzulässig verzerre. Zudem sei das Riesenrad der Funair mit seinen 44 Metern Durchmesser ungleich grösser als jenes der Courdeur & Stettler, das einen Durchmesser von gerade mal 32 Metern hat. Das Verwaltungsgericht weist die Beschwerde der Stadt ab, wogegen letztere ans Bundesgericht gelangt.

Gemäss dem Urteil des Bundesgerichts ist es verfassungsrechtlich nicht zu beanstanden, wenn eine Gemeinde jeweils dem attraktivsten Angebot den Vorzug gibt, ohne auch anderen Unternehmen mit deutlich kleineren Riesenrädern periodisch den Zuschlag zu erteilen. Diesen wirtschaftlichen Vorteil sieht das Bundesgericht dadurch gerechtfertigt, dass der Anbieter mit der grösseren Anlage wesentlich mehr investiert hat als seine Konkurrenten mit kleineren Riesenrädern. Dies führt jedoch dazu, dass etablierte Anbieter bevorzugt werden (vgl. dazu MARKUS SCHOTT, Staat und Wettbewerb, Zürich/St. Gallen 2010, Rz. 777).

Grindelwaldner Strassenunterhalt

Rechtsungleiche ausschliessliche Verpflichtung der Grundeigentümer einer Gemeinde zur Instandhaltung und Reinigung der Gemeindestrassen
BGE 131 I 1 E. 4.4 f.

Das Bundesgericht hat ein Reglement der Gemeinde Grindelwald zu beurteilen, das für den Unterhalt und die Verbesserung des kommunalen Strassennetzes die Grundeigentümer von Grindelwald als gemeinwerkpflichtig erklärt. Die obligatorische Gemeinwerkpflicht umfasst Arbeitsleistungen wie Schneeräumung, Reinigungs- und Instandstellungsarbeiten von 10–20 Stunden pro Jahr. Die Arbeitsleistung kann nur unter besonderen Voraussetzungen durch eine Geldleistung abgegolten werden.

Gemäss dem Urteil des Bundesgerichts sind keine sachlichen Gründe erkennbar, die es rechtfertigen würden, eine Arbeitspflicht ausschliesslich den in der Gemeinde ansässigen Grundeigentümern aufzuerlegen. Das öffentliche Strassennetz wird von den Grundeigentümern nicht stärker in Anspruch genommen als von anderen Benutzern. Zudem sieht die angefochtene Regelung keine Differenzierungen vor, sondern auferlegt jedem Grundeigentümer dieselbe Einheitsleistung. Dies ist mit dem Gebot der Gleichbehandlung in der Rechtsetzung nicht vereinbar.

Graufahren in der 1. Klasse

Undifferenzierte und damit rechtsungleiche Behandlung von Grau- und Schwarzfahrern
BGE 136 II 457 E. 7.1

X benützt mit einem Fahrausweis zweiter Klasse unabsichtlich die erste Klasse einer doppelstöckigen S-Bahn mit Selbstkontrolle. Bei einer Kontrolle wird ihm wegen Fahrens ohne gültigen Fahrausweis ein Zuschlag von CHF 80.– für Strecken mit Selbstkontrolle sowie ein Zeitzuschlag von CHF 25.– in Rechnung gestellt. Dagegen gelangt er bis vor Bundesgericht.

Gemäss dem Urteil ist zunächst zu prüfen, ob sachliche Gründe dafür vorliegen, Graufahrern wie X einen gleich hohen Kontrollzuschlag wie Schwarzfahrern, d.h. Personen ohne Fahrschein, aufzuerlegen. Da die Schweizerischen Bundesbahnen den Schwarzfahrern den Preis des Fahrscheins nicht berechnen, bezahlen Graufahrer mehr, da sie ja bereits einen Fahrschein besitzen, einfach für die falsche Klasse. Auch wenn gewisse Schematisierungen und Pauschalisierungen aufgrund von praktischen Überlegungen verfassungsrechtlich zulässig sind, ist die vorliegende undifferenzierte Behandlung von Grau- und Schwarzfahrern rechtsungleich.

Vaterschaftsprozess für Mittellose

Verletzung des Differenzierungsgebots durch Verpflichtung zur Sicherstellung von Prozesskosten
BGE 60 I 179 E. 1 S. 182

Frau Weiss unterliegt in einem Vaterschaftsprozess, worauf ihr von der ersten Instanz die Kosten überbunden werden. Dagegen erhebt sie Beschwerde ans Obergericht. Dieses setzt ihr Frist an, um die ausstehenden Kosten der ersten Instanz von rund CHF 2'000.– bei der Gerichtskanzlei zu hinterlegen; andernfalls «falle» das erhobene Rechtsmittel «dahin».

Das Bundesgericht heisst eine gegen diesen Beschluss erhobene Beschwerde gut. Das Tätigwerden des Richters darf nicht von der Hinterlegung der erstinstanzlichen Kosten abhängig gemacht werden, wenn die Partei nicht über die erforderlichen Mittel verfügt und ihr Rechtsbegehren nicht aussichtslos erscheint (vgl. BV 29 Abs. 3): *«Und zwar auch dann nicht, wenn diese Hinterlegungs- oder Sicherstellungspflicht durch die kantonale Gesetzgebung allgemein, gegenüber jedem Kläger vorgesehen ist. Eine solche Ordnung behandelt die Bürger nur äusserlich, dem Schein nach gleich; in Wirklichkeit wird damit demjenigen, der die Leistung nicht erbringen kann, der Rechtsschutz für die Verfolgung seines Anspruchs versagt [...].»*

Die kantonale Norm behandelt die Menschen also nur vordergründig gleich. Praktisch trifft sie indes die Prozessparteien in höchst unterschiedlicher Weise; finanziell Bessergestellte können ihre Ansprüche durchsetzen, Arme nicht. Eine solche sogenannte «mittelbare Ungleichbehandlung» entspricht einer unbegründeten Gleichbehandlung: Der Gesetzgeber unterlässt eine rechtliche Differenzierung, obwohl sie sich aufgrund der tatsächlichen Verhältnisse aufdrängt. Damit verletzt er das Differenzierungsgebot.

Alterslimite für Notare

Ausnahmsweise Zulässigkeit der Anknüpfung an ein verpöntes Merkmal aus qualifizierten Gründen

BGE 124 I 297 E. 4c = Pra 88 (1999) Nr. 1

Gemäss dem Neuenburger Notariatsgesetz sind Notare Beamte, die eine Bewilligung benötigen und staatlicher Aufsicht unterstehen. Sie üben ihren Beruf unabhängig und in freier Verantwortung aus. Sie dürfen nach dem Gesetz ihr Amt nur bis zum Alter von 70 Jahren ausüben. Dagegen erheben einige Personen Beschwerde.

Das Bundesgericht weist die Beschwerden ab. Ab einem gewissen Alter können sich die intellektuellen, körperlichen und mentalen Kräfte so sehr verringern, dass die Sicherheit, die Personen bei der öffentlichen Beurkundung von Rechtsgeschäften gewährleisten müssen, nicht mehr gegeben ist. Der Gesetzgeber kann dieses Risiko auf zwei Arten minimieren:

- Subjektive Methode: Es wird ab einem gewissen Alter periodisch überprüft, ob jemand noch im Stand ist, sein Amt auszuüben. So müssen sich die Inhaber von Führerausweisen ab dem 70. Altersjahr alle zwei Jahre einer vertrauensärztlichen Kontrolluntersuchung unterziehen.

- Objektive Methode: Es wird für alle eine feste Altersgrenze festgelegt. Diese wird oft, insbesondere auch bei kantonalen und Bundesangestellten, bei 65 Jahren angesetzt.

Der Neuenburger Gesetzgeber durfte sich für die objektive Methode entscheiden.

Rollstuhlfahrer im Kino

Frage der Diskriminierung gegenüber Behinderten bei privaten Dienstleistungen
BGE 138 I 475 E. 4.2 = Pra 102 (2013) Nr. 63

Hans Pfenninger, der auf einen Rollstuhl angewiesen ist, möchte sich den Film «Envers le vent» anschauen, der in Genf nur im Kino Palace gezeigt wird. Das Kinopersonal verkauft ihm keine Eintrittskarte, weil das Gebäude nicht behindertengerecht ausgebaut und der Kinosaal für Rollstuhlfahrer nur mithilfe Dritter zugänglich ist. Pfenninger möchte aber nicht auf die Hilfe anderer angewiesen sein. Die Behindertenorganisation Integration Handicap klagt bei den Genfer Gerichten erfolglos auf Feststellung einer Diskriminierung und gelangt dagegen ans Bundesgericht.

Aus Sicht des Bundesgerichts stellt die Zutrittsverweigerung keine Diskriminierung dar; sie sei aus Sicherheitsgründen erfolgt und nicht durch mangelnde Toleranz begründet gewesen. Für Rollstuhlfahrer bestehe im Fall einer Evakuation des Kinosaals mit vielen Zuschauern eine grössere Verletzungsgefahr. Sodann biete die EMRK im Vergleich zum innerstaatlichen Recht keinen weitergehenden Schutz vor Diskriminierung.

Militärdienstverweigerer als Bergführer?

Auch Militärdienstverweigerer dürfen Bergführer werden.
BGE 103 Ia 544 E. 6b und 6d

Für das Bergführerpatent muss ein Kurs absolviert werden. Gemäss einem Reglement werden zu diesem Kurs nur militärdienstpflichtige Personen zugelassen. Aldo Caminada ist wegen Militärdienstverweigerung nicht mehr dienstpflichtig, weshalb ihm gestützt auf das Reglement die Zulassung verweigert wird. Vor Bundesgericht beantragt er, die Verfassungsmässigkeit des Reglements vorfrageweise zu prüfen.

Nach dem Entscheid des Bundesgerichts ist das Kriterium der Militärdienst*pflicht* nicht dazu angetan, etwas über die Eignung von angehenden Bergführern auszusagen. Wenn schon wäre auf die Militärdienst*tauglichkeit* abzustellen, da damit unter anderem auch die körperliche Leistungsfähigkeit beurteilt wird. Das Reglement stellt somit eine sinn- und zwecklose Zulassungsvoraussetzung auf, womit es nicht angewendet werden darf. Vielmehr müssen Vorschriften zur Anwendung gelangen, die auf die Tauglichkeit abstellen.

Medienberichterstattung zu den Roten Brigaden

Erforderlichkeit konkreter Anhaltspunkte für eine Beeinträchtigung in Fällen von besonderem öffentlichen Interesse
BGE 116 Ia 14 E. 7c, *Baragiola*

Alvaro Baragiola wird beschuldigt, als Mitglied der Terrororganisation Rote Brigaden verschiedene Delikte begangen zu haben. Der Fall erregt grosses öffentliches Aufsehen. Baragiola lehnt sämtliche Mitglieder des Tessiner Strafgerichts wegen der massiven Presseberichterstattung als befangen ab. Das Ausstandsbegehren wird abgewiesen.

Das Bundesgericht weist eine dagegen erhobene Beschwerde ab. Ein Ausstand rechtfertigt sich erst dann, wenn der objektive Anschein der Befangenheit besteht. Für die Beeinflussung eines Richters müssen konkrete Hinweise bestehen. Solche Hinweise bestehen im konkret zu beurteilenden Fall nicht. Zwar haben die Richter während der Verhandlungspausen Zugang zu Tageszeitungen. Diese stellen den Fall jedoch äusserst kontrovers dar. Im Fall einer einseitigen Medienkampagne wäre es zudem Aufgabe des Richters, sich von äusserem Druck abzugrenzen. Anderenfalls würde die ordentliche Gerichtsbarkeit bei aufsehenerregenden Prozessen schnell lahmgelegt (bestätigt von der Europäischen Kommission für Menschenrechte in der Zulässigkeitsentscheidung *Baragiola gegen die Schweiz,* Nr. 17265/90 v. 21. Oktober 1993, VPB 58 Nr. 106 § 2a).

Vorbefassung eines Zeitungskorrespondenten

Ausstand wegen des Anscheins der Befangenheit aufgrund einer nebenberuflichen Tätigkeit
BGE 115 Ia 172 E. 3b = Pra 78 (1989) Nr. 221

Ein Angeschuldigter lehnt ein Mitglied des kantonalen Obergerichts ab, da der Richter nebenberuflich als Korrespondent der «Neuen Zürcher Zeitung» tätig ist und in jener Funktion einen Strafprozess vor Erstinstanz mitverfolgte. Der Ablehnungsantrag bleibt erfolglos, weshalb der Angeschuldigte ans Bundesgericht gelangt.

Das Bundesgericht heisst die Beschwerde gut. Der Richter hatte sich mit der Streitsache bereits befasst – zwar nicht in amtlicher Funktion, aber dennoch intensiv genug, dass er beim Entscheid im Rechtsmittelverfahren nicht mehr unbefangen sein konnte.

raft
Lösungen

A. Lösungen zum 1. Teil: Grundlagen

Staatsrecht

1. Staatsrecht ist ein Teilgebiet des öffentlichen Rechts, das die Rechtsbeziehung zwischen Staat und Privaten bzw. zwischen verschiedenen staatlichen Organisationen regelt. Es umfasst die wesentlichen Grundlagen, die für das Verständnis des öffentlichen Rechts als Ganzes unabdingbar sind.
2. Das Staatsrecht umfasst die grundlegenden Normierungen dreier Bereiche:
   - Organisation des Staates und der Art und Weise, wie er seine Aufgaben erfüllt;
   - Organisation, Zuständigkeiten und Verfahren der obersten Staatsorgane (Regierung, Parlament und Gerichte);
   - Verhältnis des Individuums zum Staat (Grundrechte sowie Pflichten natürlicher und juristischer Personen).
3. Die Verfassung ist die rechtliche Grundordnung eines Staates, welche die obersten Rechtsnormen umfasst. Sie wird in einem qualifizierten Verfahren erlassen bzw. geändert, und ihr kommt erhöhte Geltungskraft zu.
4. Das formelle Verfassungsrecht umfasst die Gesamtheit der Rechtssätze, die im besonderen Verfahren der Verfassungsgebung gemäss BV 192 ff. erlassen wurden. Das materielle Verfassungsrecht wird demgegenüber weitgehend synonym mit dem Begriff des Staatsrechts verwendet. Es beschäftigt sich mithin mit den grundlegenden Regeln des politischen Systems. Solche Regeln finden sich zumeist innerhalb, manchmal aber auch ausserhalb der Verfassungsurkunde.

   Nach dem Gesagten sind die beiden Begriffe zwei sich überschneidende Kreise:
   - Dem Verfassungsgeber ist es einerseits unbenommen, Normierungen zu erlassen, die genauso gut auf Stufe des Gesetzes oder der Verordnung geregelt werden könnten. So regeln z.B. die Absätze 3 und 3bis von BV 86 die Verwendung der Steuern für Treibstoffe und Flugtreibstoffe bis in die letzten Details. Sie gehören demnach nicht

zum materiellen, wohl aber zum formellen Verfassungsrecht, befinden sie sich doch in der Verfassungsurkunde selbst.

- Auf der anderen Seite finden sich in Gesetzen Normen, die an sich in die Verfassung gehörten, so etwa die Regelung zum Begriff des Rechtssatzes in ParlG 22 Abs. 4. Diese gehört zwar nicht zum formellen, wohl aber zum materiellen Verfassungsrecht.

5. Mit der Justizreform aus dem Jahr 2000 erhielt der Bund die Befugnis zur einheitlichen Regelung des Zivil- und Strafprozessrechts, das bis anhin in 26 Prozessordnungen geordnet war. Zudem wurden die Kantone zur flächendeckenden Einführung gerichtlicher Vorinstanzen verpflichtet, um das Bundesgericht zu entlasten. Schliesslich wurde der Geltungsbereich der Rechtsweggarantie erheblich erweitert, indem nun BV 29a einen umfassenden Anspruch auf gerichtlichen Rechtsschutz vorsieht. Bis zur Justizreform war allein EMRK 6 Ziff. 1 anwendbar, dessen Geltungsbereich sich nur auf Teilgebiete des Verwaltungsrechts erstreckt.

6. Das öffentliche Recht ordnet die Rechtsbeziehungen zwischen Staat und Individuum, das Privatrecht jene zwischen Privaten. Zur Abgrenzung wurden verschiedene Theorien entwickelt:

    - *Subordinationstheorie:* Der Staat ist dem Bürger übergeordnet, im Privatrecht stehen sich demgegenüber gleichgeordnete Rechtssubjekte gegenüber.
    - *Interessentheorie:* Während das öffentliche Recht in erster Linie der Verwirklichung öffentlicher Interessen dient, geht es im Privatrecht primär um die Interessen natürlicher und juristischer Personen.
    - *Funktionstheorie:* Das öffentliche Recht regelt die Erfüllung öffentlicher Aufgaben und die Ausübung öffentlicher Tätigkeiten. Beim Privatrecht ist dies nicht der Fall.
    - *Modale Theorie:* Eine Regelung ist dann dem öffentlichen Recht zuzuordnen, wenn die mit ihr verbundene Sanktion öffentlich-rechtlich ausgestaltet ist, die Verletzung einer privatrechtlichen Norm führt dagegen zu einer zivilrechtlichen Sanktion.

    (S. dazu auch 1. Teil, Übungsfall 2)

7. Keiner der Theorien kommt per se Vorrang zu (BGE 132 V 303 E. 4.4.2). Vielmehr ist je nach konkret zu entscheidendem Fall zu prüfen, welches der Kriterien für die Abgrenzung am besten geeignet ist. Die bundesgerichtliche Rechtsprechung legt ihr Hauptaugenmerk auf die Subordinati-

onstheorie (vgl. BGE 128 III 250 E. 2). Das Bundesgericht zieht daneben aber je nach Fragestellung auch andere Theorien heran, so insbesondere die Interessen- und die Funktionstheorie.

8. In einer absoluten Monarchie verfügt ein Herrscher wie etwa Ludwig XIV. über uneingeschränkte Herrschaftsgewalt. Da er über dem Recht steht, kann er nach Gutdünken regieren. In einem Rechtsstaat ist die Ausübung hoheitlicher Gewalt demgegenüber an Verfassung und Gesetz gebunden. Dessen grundlegende Normierungen können von der Exekutive im Alleingang weder geschaffen noch geändert werden. Entscheidungen von Regierung und Verwaltung sind zudem gerichtlich anfechtbar. Die entscheidensten Unterschiede zwischen absoluter Monarchie und Rechtsstaaten liegen damit in Gewaltenteilung und Gesetzesbindung.

9. Die Staatsformenlehre von Aristoteles präsentiert sich wie folgt:

Zahl der Herrschenden	Gemeinnützig	Eigennützig
Einzelner	Königtum	Tyrannis (Despotie)
Mehrere	Aristokratie	Oligarchie
Volk	Demokratie	Pöbelherrschaft

Aristoteles verstand unter einer Oligarchie die Herrschaft weniger zu ihrem eigenen Vorteil. Heute ist anerkannt, dass auch moderne Demokratien oligarchische Elemente aufweisen. Machteliten in Wirtschaft, Politik, den Medien oder der Armee sind bereits aus Gründen der Arbeitsteilung unvermeidbar. Wichtig ist dabei, dass die Einflussmöglichkeiten solcher Eliten beschränkt werden und dass grundsätzlich jedermann die Möglichkeit hat, in die engen Zirkel der Macht aufzusteigen.

10. Nach Georg Jellineks Drei-Elemente-Lehre kann dann von einem Staat ausgegangen werden, wenn in einem bestimmten Gebiet über ein bestimmtes Volk Staatsgewalt ausgeübt wird. Die Vatikanstadt hat ein eigenes Territorium von 0,44 km^2, knapp 900 Einwohner und steht unter der Autorität des Papstes. Die Vatikanstadt ist daher nach herrschender Meinung ein Staat im Sinn der Drei-Elementen-Lehre. (NB: Als souveräner Staat ist die Vatikanstadt ein Subjekt des Völkerrechts. Davon zu unterscheiden ist die partielle Völkerrechtsfähigkeit des Heiligen Stuhls, die letztlich einen Spezialfall darstellt und zunehmend auf Kritik stösst.)

Die Schweiz

11. Das Staatsgebiet der Schweiz umfasst die 26 Kantonsgebiete samt dem darüber liegenden Luftraum und wird durch die Grenze zu den Nachbarstaaten beschränkt.

12. Nein, Schweizer Behörden dürfen nur innerhalb der Schweizer Landesgrenze tätig sein. Nur dort können sie hoheitliche Gewalt im Sinn der Drei-Elemente-Lehre ausüben (s. vorne Frage 9). Die Behörde eines Staates kann Personen ausserhalb ihres Hoheitsgebiets nur im Rahmen besonderer völkerrechtlicher Abkommen rechtsgültig zu einem Tun oder Unterlassen verpflichten. So besteht z.B. mit Österreich ein Vertrag über die Zustellung von Zivilurteilen. Auch für die Zustellung eines Hoheitsakts wie eines Steuerbescheids wäre ein Abkommen notwendig. Wenn kein Solches existiert, bleibt die Zustellung hoheitlicher Anordnungen ins Ausland ohne Rechtswirkungen.

13. Das Staatsvolk umfasst die Gesamtheit der Menschen, die wegen ihrer Staatsbürgerschaft dauernd unter der Staatsgewalt des betreffenden Staatsgebiets stehen. Dazu zählen auch minderjährige Staatsangehörige, die allerdings auf Bundesebene nicht stimm- und wahlberechtigt sind. Somit ist das Staatsvolk vom Stimmvolk abzugrenzen. Nicht zum Staatsvolk zählt die ausländische Bevölkerung.

14. Das Schweizer Bürgerrecht erhält man von Gesetzes wegen durch Abstammung (ius sanguinis) oder durch Adoption (BüG 1 und 7). Anders als in Ländern wie z.B. den USA oder Australien wird das schweizerische Bürgerrecht nicht aufgrund der Geburt auf Staatsgebiet (ius solis) empfangen.

    Daneben kann das Schweizer Bürgerrecht auch durch einen Verwaltungsakt, mithin durch ordentliche oder erleichterte Einbürgerung, erworben werden (BüG 12 ff. und 26 ff.).

15. Die ordentliche Einbürgerung wird grundsätzlich vom kantonalen Recht geregelt (vgl. BüG 15a). Der Bund statuiert dafür bloss Minimalvorschriften. Das Verfahren verläuft in drei Schritten:

    - Das entsprechende Gesuch muss bei der Wohngemeinde gestellt werden. Als Minimalvoraussetzungen hat sie Folgendes zu prüfen: Zwölf Jahre Wohnsitz in der Schweiz, Eingliederung, Vertrautheit mit den lokalen Lebensgewohnheiten, Beachtung der Rechtsordnung sowie Fehlen einer Gefährdung der inneren oder äusseren Sicherheit der Schweiz (BüG 14). Beachte: Mit der Revision des geltenden Bürgerrechtsgesetzes (BBl 2014 5133 ff.) wird die formelle Voraussetzung der ordentlichen Einbürgerung dahingehend geändert, dass die Einbürgerungsbewilligung nur erteilt wird, wenn die Bewerberin oder der Bewerber bei der Gesuchstellung eine *Niederlassungsbewilligung* besitzt und einen Aufenthalt von insgesamt *zehn Jahren* in der Schweiz nachweist (davon drei in den letzten fünf Jahren vor Einreichung des Gesuchs). Sodann kann die Gemeinde im Rahmen des Bundesrechts weitere Voraussetzungen aufstellen.

- Als zweites prüft der Kanton die Einbürgerungsvoraussetzungen. Er übernimmt in der Regel die Prüfungsergebnisse der Gemeinde und ergänzt diese, sofern dies gesetzlich vorgeschrieben ist. Sind die Einbürgerungsvoraussetzungen erfüllt, beantragt der Kanton beim Bund die eidgenössische Einbürgerungsbewilligung.

- In einem dritten Schritt erteilt das Bundesamt für Migration eine Einbürgerungsbewilligung (BüG 12 Abs. 2 und 13).

16. Mit der Einbürgerung erhält die betroffene Person die Schweizer Staatsangehörigkeit. Dadurch kommen ihr folgende Rechte und Pflichten zu:

- politische Rechte (BV 39 und 136);
- Niederlassungsfreiheit (BV 24);
- Ausweisungs- und Auslieferungsverbot (BV 25 Abs. 1);
- Wehrpflicht für Männer (BV 59 Abs. 1);
- anderweitige Bürgerpflichten aufgrund kantonalen und kommunalen Rechts (z.B. Pflicht zur Mitwirkung in einem Wahlbüro oder zur Leistung von Feuerwehrdienst).

17. Das Schweizer Bürgerrecht kann gemäss BüG 48 nur einem Doppelbürger entzogen werden, wenn sein Verhalten den Interessen oder dem Ansehen der Schweiz erheblich nachteilig ist. Der Entzug des Schweizer Bürgerrechts kommt damit nur in besonders schwerwiegenden Fällen infrage. Die Vorschrift kommt demgemäss kaum je zur Anwendung.

Bundesverfassung

18. Die Bundesverfassung von 1999 führte das bisherige Verfassungsrecht nach. Zum Teil wurden wesentliche Regeln der materiellen Verfassung erstmals in der Verfassungsurkunde (dem formellen Verfassungsrecht) ausdrücklich erwähnt. Demgegenüber waren in der Verfassung von 1874 teil-

weise elementare staatsrechtliche Grundregeln nicht oder wenigstens nicht explizit enthalten.

19. Den Bestimmungen der Bundesverfassung kommt Vorrang vor dem übrigen Bundesrecht sowie dem kantonalen Recht zu. Aufgrund von BV 190 sind die Behörden allerdings gehalten, auch verfassungswidrige Bundesgesetze anzuwenden.

20. Mit Strukturprinzipien werden die prägenden Merkmale einer Verfassung bezeichnet. In der Schweiz zählt man zu diesen Prinzipien gemeinhin das Demokratie-, das Rechtsstaats-, das Föderalismus- und das Sozialstaatsprinzip. Die Prinzipien fassen Gruppen von Bestimmungen zusammen und haben insofern ordnenden bzw. didaktischen Charakter. Als Auslegungshilfe sollten sie stets mit Vorsicht herangezogen werden: Primärer Ausgangspunkt ist stets der Verfassungstext, daneben Entstehungsgeschichte, Zweck und Systematik der einschlägigen Bestimmungen. Eine Argumentation, die sich primär oder gar ausschliesslich auf «oberste», «tragende» oder «übergeordnete» Wesensmerkmale stützt, geht schnell am Verfassungstext vorbei.

21. Nein, die Strukturprinzipien sind grundsätzlich gleichwertig. Es kann also nicht gesagt werden, dass das Rechtsstaats- über dem Demokratieprinzip stehe oder umgekehrt. Die Prinzipien ergänzen sich vielmehr gegenseitig. Allerdings sind Spannungslagen zwischen den einzelnen Prinzipien bereits in ihrem systemhaften Charakter angelegt.

22. Das schweizerische Modell der Referendumsdemokratie kombiniert Elemente der repräsentativen mit jenen der direkten Demokratie. Man nennt diese Form deshalb auch halbdirekte Demokratie. Kennzeichnend dafür ist, dass dem Volk zahlreiche Mitbestimmungsrechte zukommen. Es kann mit der Volksinitiative (BV 138) und dem Referendum (BV 140) erreichen, dass gewisse Sachfragen der Volksabstimmung unterstellt werden. Zudem wählt das Volk auf Bundesebene das Parlament, welches sodann die Regierung (Bundesrat) wählt.

In der US-amerikanischen Präsidialdemokratie wird der Präsident demgegenüber via Wahl der Elektoren direkt vom Volk gewählt. Dieser ist zugleich Regierungschef und Staatspräsident. Das Land wird nicht wie in der Schweiz durch ein Kollegium regiert; die Macht ist vielmehr beim Präsidenten konzentriert, und die Minister haben eine eher schwache Stellung. Direktdemokratische Elemente finden sich bloss auf Ebene der Gliedstaaten.

23. Im Gegensatz zur pluralistischen Herrschaftsstruktur der Demokratie kennt ein totalitäres System weder Gewaltenteilung im Allgemeinen noch Gewaltenkontrolle im Besonderen. Die Herrschaftsweise ist nicht rechtsstaatlich, sondern systematisch repressiv. Der totalitäre Führer sichert seine Macht durch Repression ab, und im Gegensatz zu einer Demokratie ist sein Herrschaftsanspruch unbegrenzt. Wahl-, geschweige denn sonstige Mitwirkungsrechte sind in totalitären Regimes wie dem nationalsozialistischen Deutschland, der UdSSR unter Stalin oder dem heutigen Nordkorea nicht vorgesehen; der Machtanspruch wird vielmehr durch ein revolutionäres Ereignis, die Verwirklichung des «Volkswillens» oder andere ausserrechtliche Umstände legitimiert.

24. Rechtsstaatlichkeit beinhaltet im Kern, dass die staatlichen Organe an das Recht und nur an dieses gebunden sind (BV 5 Abs. 1). Das gesamte politische und gesellschaftliche Leben soll an rechtlichen Massstäben gemessen werden. Damit sollen die Individuen vor einer ungebundenen und damit unkontrollierbaren Staatsmacht geschützt werden.

    Dieses formelle Element des Rechtsstaatsprinzips ist mit dem verwandt, was man im angelsächsischen Rechtsraum ursprünglich unter der «rule of law» verstand. Rechtsstaatlichkeit im kontinentaleuropäischen Sinn geht allerdings über das Legalitätsprinzip und das Gebot der Rechtsgleichheit hinaus. In einem materiellen Sinn umfasst das Rechtsstaatsprinzip auch den Grundsatz der Gewaltenteilung («checks and balances»), die Garantie elementarer Freiheitsrechte sowie Grundsätze staatlichen Handelns wie etwa das Verhältnismässigkeitsprinzip.

25. Die Strukturprinzipien der Demokratie und Rechtsstaatlichkeit bedingen sich gegenseitig. Beide bezwecken die Wahrung der Menschenwürde sowie die Unterbindung ungerechter Machtausübung. Sie können jedoch zueinander in ein Spannungsverhältnis geraten. Beispielsweise kann die Annahme von Volksinitiativen die Einhaltung menschenrechtlicher Verpflichtungen erschweren oder gar verunmöglichen. Umgekehrt kann die Durchsetzung rechtsstaatlicher Grundanforderungen zu einer Schmälerung demokratischer Mitbestimmungsrechte führen.

26. Das Sozialstaatsprinzip findet sich sowohl in der Präambel als auch in BV 2. Zudem sind die Sozialrechte in BV 12 und 19 sowie die Sozialziele in BV 41 Ausfluss dieses Strukturprinzips. Im Rechtsalltag begegnet man dem Prinzip bei der Sozialhilfe und den Sozialversicherungen.

27. Als Bundesstaat wird ein Staat bezeichnet, der aus mehreren Gliedstaaten zusammengesetzt ist. Anders als bei einem Staatenbund liegt die Kompetenzhoheit beim Bund; nur er ist Völkerrechtssubjekt, nicht etwa die Gliedstaaten. Bundesstaatlich aufgebaut sind z.b. die USA, Deutschland, die Schweiz und Indien.

28. Innerhalb der Grenzen eines Einheitsstaats herrscht eine einzige Staatsgewalt über ein einheitlich verwaltetes Staatsgebiet und ein als unteilbare Einheit aufgefasstes Staatsvolk. Falls der Staat in Provinzen oder Departemente unterteilt ist, dient dies allein der Effizienz der Verwaltungsführung. Alle staatlichen Kompetenzen liegen demgemäss beim Zentralstaat, die Verfassung muss die Aufgaben nicht zuteilen. Einheitsstaaten machen eine klare Mehrheit der Staatengemeinschaft aus; klassische Beispiele sind Frankreich, Spanien, China, Japan sowie nahezu alle afrikanischen und lateinamerikanischen Staaten.

29. Verfassungsbestimmungen sind grundsätzlich nach denselben methodischen Regeln auszulegen wie Gesetzesbestimmungen. Auszugehen ist vom Wortlaut. Falls der Text verschiedene Deutungen zulässt, muss seine Bedeutung unter Berücksichtigung weiterer Auslegungselemente erfasst werden, nämlich Systematik, Entstehungsgeschichte sowie Sinn und Zweck der Norm.

    Dabei ist zu beachten, dass die Auslegung grundsätzlich auf die Regelungsabsicht des Gesetzgebers und die damit erkennbar getroffenen Wertentscheidungen auszurichten ist. Denn der Sinn und Zweck der Norm lässt sich systembedingt nicht aus sich selbst begründen, sondern ist aus den Absichten des Gesetzgebers abzuleiten, die es wiederum mithilfe der herkömmlichen Auslegungselemente zu ermitteln gilt.

    Das Bundesgericht hat sich bei der Auslegung von Erlassen stets von einem Methodenpluralismus leiten lassen. Die völkerrechtskonforme Auslegung von Verfassungsbestimmungen lässt sich vom methodischen Ansatz her dem systematischen Element zuordnen.

30. Durch Auslegung soll der wahre Sinn einer Rechtsnorm ermittelt werden. Dabei ist zu untersuchen, welchen Sinngehalt vernünftige Gesetzesadressaten der Norm beimessen. Voraussetzung für eine Auslegung ist nach der Rechtsprechung, dass überhaupt ein Interpretationsspielraum besteht. Mithilfe der Auslegung kann ein Gesetz konkretisiert werden; sie dient damit auch der Rechtsfortbildung.

Mit der Wahl der Auslegungskriterien kann naturgemäss das Ergebnis der Interpretation beeinflusst werden. So ist es beispielsweise von erheblicher Bedeutung, ob durch die Auslegung der Wille des Gesetzgebers oder der objektive Sinngehalt des Gesetzes ermittelt werden soll. Ebenso lässt sich nicht selten beobachten, dass unter Berufung auf einen wie auch immer gearteten Zweck einer Norm deren Wortlaut übersteuert wird.

Völkerrecht und Landesrecht

31. Das Völkerrecht umfasst die Gesamtheit der Prinzipien und Rechtsregeln, die
    - die Staaten in ihren gegenseitigen Beziehungen beachten,
    - die Funktionsweise und Rechtsbeziehungen internationaler Institutionen und Organisationen ordnen,
    - die Rechtsstellung natürlicher und juristischer Personen, insbesondere nichtstaatlicher Organisationen, regeln.

    Völkerrecht bezweckt, dass Staaten störungsfrei nebeneinander bestehen, friedlich zusammenleben, in zuverlässiger Weise zusammenarbeiten können und dabei der Rechtsstellung Einzelner Rechnung tragen.

32. Völkerrechtliche Normen werden durch die Ratifikation oder aufgrund ihrer gewohnheitsrechtlichen Geltung ohne Weiteres Bestandteil der schweizerischen Rechtsordnung. Alle staatlichen Organe müssen sie einhalten und anwenden (BV 5 Abs. 4). Im Gegensatz zu dualistischen Systemen wie Deutschland oder dem Vereinigten Königreich ist kein zusätzlicher Akt notwendig, der die Völkerrechtsnorm ins Landesrecht überführt. Völkerrechtliche und innerstaatliche Normen werden vielmehr als Bestandteil ein und derselben Rechtsordnung verstanden.

33. Eine Bestimmung ist dann unmittelbar anwendbar bzw. vollzugsfähig («self-executing»), wenn sie Rechte und Pflichten Einzelner betrifft und sich an die rechtsanwendenden Behörden, also nicht an den Gesetzgeber richtet. Zudem muss die Bestimmung justiziabel sein, mithin so konkret und klar abgefasst sein, dass sie direkt auf eine rechtliche Auseinandersetzung zur Anwendung gebracht werden kann, ohne dass man dazu einen nationalen Umsetzungsakt beiziehen muss.

34. Die Frage, ob der insgesamt 31 Artikel umfassende UNO-Pakt I als solcher unmittelbar anwendbar ist oder nicht, lässt sich nicht sinnvoll beantworten.

Es ist vielmehr im Einzelfall zu entscheiden, ob eine bestimmte Norm des UNO-Pakts auf die zu beurteilende Frage eine Antwort gibt.

35. Im Schubert-Urteil (BGE 99 Ib 39 E. 3) stellte das Bundesgericht 1973 folgenden Grundsatz auf: Besteht zwischen einem älteren Staatsvertrag und einem neueren Bundesgesetz ein Widerspruch, so ist das Bundesgericht ausnahmsweise an das Bundesgesetz gebunden, wenn der Gesetzgeber beim Erlass des Bundesgesetzes bewusst in Kauf genommen hat, dass das von ihm erlassene Landesrecht dem Völkerrecht widerspricht. Inwieweit die Praxis heute noch gilt, ist ungeklärt.

36. Das Bundesgericht könnte am ehesten dann vom Schubert-Urteil abweichen, wenn eine Gesetzesbestimmung gegen eine Norm aus einem Staatsvertrag mit menschenrechtlichem Gehalt verstösst. Letzteren Bestimmungen dürfte in der Regel der Vorrang vor Bundesgesetzen zukommen (vgl. BGE 139 I 16 E. 5.1 und BGE 136 II 241 E. 16.1 = Pra 99 [2010] Nr. 124).

37. Völkerrecht geht als Teil des Bundesrechts kantonalem Recht aller Stufen vor.

38. Zuerst muss die landesrechtliche Norm völkerrechtskonform ausgelegt werden. Nur wenn dies nicht möglich ist, liegt ein echter Konflikt vor. In diesem Fall geht das Völkerrecht dem kantonalen Recht sowie Bundesverordnungen vor. Völkerrecht geht grundsätzlich auch Bundesgesetzen vor, insbesondere dann, wenn es menschenrechtliche Verpflichtungen beinhaltet. Aufgrund von BV 190 muss Völkerrecht schliesslich sogar dann angewendet werden, wenn es der Verfassung widerspricht.

Übungsfall 1: Öffentliche Gerichtsverhandlung

Der Wortlaut von BV 30 Abs. 3 kann so verstanden werden, dass die Gerichtsverhandlung vorbehältlich gesetzlicher Ausnahmen stets öffentlich sein muss. Öffentlichkeit bedingt Mündlichkeit und daher einen grundsätzlichen Anspruch auf eine mündliche Parteiverhandlung.

Nach Auffassung des Bundesgerichts verpflichtet der Wortlaut demgegenüber nicht in allen gerichtlich zu beurteilenden Fällen zur Durchführung einer öffentlichen und damit mündlichen Verhandlung, sondern garantiert nur, dass solche Verhandlungen, *sofern sie überhaupt stattfinden,* öffentlich sind (BGE 128 I 288 E. 2.3 f. = Pra 92 [2003] Nr. 80, auch zum Folgenden). BV 30 Abs. 3 BV könnte zwar auch so verstanden werden, dass überall dort, wo ein Anspruch auf gerichtliche Überprüfung besteht (BV 30 Abs. 1 i.V.m. der Rechtsweggarantie in

BV 29a), ein Recht auf eine öffentliche (mündliche) Gerichtsverhandlung gegeben ist. Aus der vom Bundesrat verwendeten Formulierung ergibt sich nach Auffassung des Bundesgerichts jedoch, dass mit BV 30 Abs. 3 lediglich bezweckt wird, den Grundsatz der Öffentlichkeit der Gerichtsverhandlungen durch ausdrückliche Aufnahme in den Verfassungstext festzuschreiben. Die Bestimmung beinhaltet demnach kein eigenständiges Recht auf eine öffentliche Verhandlung. Ein solcher Anspruch besteht nur im Anwendungsbereich von EMRK 6 Ziff. 1 und damit beim Entscheid über «civil rights» und strafrechtliche Anklagen.

Das Bundesgericht gibt der historischen Auslegung damit einen Vorrang vor dem Wortlaut der auszulegenden Bestimmung. BV 30 Abs. 3 verliert durch diese Sichtweise weitgehend jede eigenständige Bedeutung. Ob ein Anspruch auf eine mündliche Verhandlung besteht, wird zudem im Wesentlichen davon abhängig gemacht, wie der Europäische Gerichtshof für Menschenrechte den Anwendungsbereich von EMRK 6 weiterentwickelt. Das ist angesichts des deutlich formulierten Wortlauts des ersten und dritten Absatzes von BV 30 erstaunlich.

Übungsfall 2: Gruyère-Streit

Die Abgrenzung zwischen öffentlichem und privatem Recht ist anhand verschiedener Theorien vorzunehmen:

- Interessentheorie: Die Interkantonale Zertifizierungsstelle OIC kontrolliert Unternehmen, die zur Bezeichnung «Gruyère AOC» berechtigt sind. Diese Kontrolle dient dem Schutz von Ursprungsbezeichnungen und geografischen Angaben für (verarbeitete) landwirtschaftliche Erzeugnisse. Damit wird der Schutz der Konsumentinnen und Konsumenten bezweckt, womit ein öffentliches Interesse vorliegt. Da das Schutzsystem als Förderung der Produktion und des Absatzes landwirtschaftlicher Erzeugnisse aber auch den Herstellern und dem Handel selbst zugutekommt, ergibt die Interessentheorie kein eindeutiges Ergebnis.

- Funktionstheorie: Da die Zertifizierungsstelle durch staatliche Stellen überwacht wird und gewisse Mindestanforderungen der Kontrollen auf Verordnungsstufe geregelt sind, sind die Rechtsbeziehungen der OIC eher dem öffentlichen Recht zuzurechnen. Allerdings sind mit der Akkreditierung keine Hoheitsbefugnisse verbunden, weshalb aufgrund der Funktionstheorie keine eindeutige Zuordnung möglich ist.

- Subordinationstheorie: Aus dem soeben genannten Grund erlaubt auch die Subordinationstheorie keine trennscharfe Unterscheidung.
- Modale Theorie: Hier ist zu prüfen, ob sich die Rechtsfolgen der Verletzung einer Norm auf öffentliches oder auf privates Recht stützen. Der Entzug der streitigen Zertifizierung würde eine erhebliche Beschränkung des Marktzugangs bedeuten. Letzterer basiert auf öffentlichem Recht.

Da die Zuordnung weder nach Interessen-, Funktions- noch Subordinationstheorie eindeutig ist, kommt im vorliegenden Fall der modalen Theorie entscheidende Bedeutung zu. Das Bundesgericht entschied demzufolge, dass das Rechtsverhältnis zwischen der OIC und der Fromagerie AG dem öffentlichen Recht untersteht (BGE 138 II 134 E. 4 = Pra 101 [2012] Nr. 100).

Übungsfall 3: Zwingendes Völkerrecht

a) Das Parlament erklärte die Initiative für ungültig. Eine völkerrechtskonforme Auslegung war nach Ansicht der Parlamentsmehrheit nicht möglich. In den Räten wurde geltend gemacht, dass eine vorgeschlagene Verfassungsänderung dann nicht zur Abstimmung gebracht werden darf, wenn sie zwingendes Völkerrecht verletzt.

b) Letzterer Grundsatz wurde in BV 193 Abs. 4 und 194 Abs. 2 kodifiziert. Die Verletzung zwingenden Völkerrechts bildet so nach geltendem Verfassungsrecht einen ausdrücklichen Tatbestand für eine Ungültigerklärung.

c) Was zum zwingenden Völkerrecht im Einzelnen gehört, wird von Artikel 53 der Wiener Vertragsrechtskonvention offengelassen. Gemeinhin werden dazu nur wenige Rechtsregeln wie die Verbote der Sklaverei, der Folter und das daraus abgeleitete Prinzip des Non-Refoulement gezählt.

d) Das Verbot der Todesstrafe wird höchstens als regional zwingend angesehen. Eine Initiative zur Wiedereinführung der Todesstrafe könnte demzufolge nur dann für ungültig erklärt werden, wenn man den Begriff des zwingenden Völkerrechts im Sinn der Bundesverfassung weiter versteht als gemäss der Wiener Vertragsrechtskonvention. Die Schweiz hat allerdings das Protokoll Nr. 6 zur Konvention zum Schutz der Menschenrechte und Grundfreiheiten über die Abschaffung der Todesstrafe ratifiziert.

Übungsfall 4: Rheinschifffahrt

Bundesrecht muss völkerrechtskonform ausgelegt werden, sodass kein Widerspruch mit dem Völkerrecht besteht. Art. 1 der Übereinkunft von 1879 gewährleistet jedermann die freie Schifffahrt auf der Rheinstrecke zwischen Neuhausen und Basel. Danach sind die deutschen Schiffer nicht der Konzessionspflicht unterworfen. Es besteht kein Hinweis dafür, dass die Schweiz mit dem Vertragsabschluss ihre Einwohner schlechter behandeln wollte. Das Bundesgesetz enthält sodann eine blosse «Kann-Vorschrift». Legt man diese völkerrechtskonform aus, bedarf die Rudolf AG keiner Konzession (vgl. BGE 94 I 669 E. 6, Frigerio).

B. Lösungen zum 2. Teil: Bundesstaat

Grundlagen

1. Die Schweizerische Eidgenossenschaft wird gemäss BV 1 durch das Schweizer Volk und die Kantone gebildet.
2. Der föderalistische Staatsaufbau gehört in der Schweiz wie in anderen Bundesstaaten auch zu den tragenden verfassungsrechtlichen Strukturprinzipien. Er ist eine Form der Dezentralisierung staatlichen Handelns, die dazu dient, die Vielfalt in der Einheit zu erhalten und gleichzeitig dem Minderheitenschutz Rechnung zu tragen. Die Eidgenossenschaft besteht demnach aus Gliedstaaten (Kantonen), denen eine gewisse Eigenständigkeit zukommt. Die Ausübung hoheitlicher Gewalt wird damit genauso wie die Gewährleistung grundlegender Versorgungsaufgauben aufgeteilt auf Bund, Kantone und Gemeinden.
3. Die Kantone haben folgende Mitwirkungsrechte:
   - obligatorisches Verfassungsreferendum (BV 140 Abs. 1 Bst. a);
   - obligatorisches Referendum bei grundlegenden Beitritten wie jene zur NATO oder zur EU (BV 140 Abs. 1 Bst. b);
   - fakultatives Referendum gegen Bundesgesetze und Bundesbeschlüsse (BV 141 Abs. 1 Bst. a–c);
   - fakultatives Staatsvertragsreferendum (BV 141 Abs. 1 Bst. d);
   - Wahl der Ständeräte (BV 150);
   - Beteiligung an der Rechtsetzung des Bundes (BV 45 und 147);
   - Standesinitiative (BV 160 Abs. 1 BV i.V.m. ParlG 115);
   - Autonomie bei der Umsetzung des Bundesrechts (BV 46 Abs. 3).

4. Gemäss BV 3 sind die Kantone souverän, soweit ihre Souveränität nicht durch die Bundesverfassung beschränkt ist. Die originäre Gesetzgebungskompetenz der Kantone wird damit nur insoweit beschränkt, als der Bund aufgrund einer ausdrücklichen Verfassungsvorschrift zuständig ist. Kantone sind jedoch keine selbstständigen Völkerrechtssubjekte, da ihnen die «höchste» Staatsgewalt fehlt. Sie verfügen deshalb nur über eine stark eingeschränkte Völkerrechtssubjektivität (vgl. BV 56).

5. Die Bestimmungen über die Rechtsstellung der Kantone wie jene über Mitwirkungsrechte, Bundesgarantien oder die Autonomie gehen vom Grundsatz der absoluten Gleichstellung aus. Dieser Grundsatz wird für die Kantone mit halber Standesstimme nur in zwei Fällen eingeschränkt. So können die beiden Appenzell, die beiden Basel sowie Nid- und Obwalden jeweils nur einen Ständerat wählen (BV 150 Abs. 2), ebenso zählt ihre Stimme bei Volksabstimmungen nur halb (BV 142 Abs. 4 i.V.m. 140 Abs. 1).

Die Gleichheit der Kantone ist insofern relativ, als ressourcenschwache Kantone von ressourcenstarken Kantonen und vom Bund finanzielle Mittel zur Verfügung gestellt erhalten, über die sie frei verfügen können (Finanzausgleich in BV 135). Mit dem Lastenausgleich sollen unverschuldete und unbeeinflussbare Lasten der Kantone, die sich aus der räumlichen Entwicklung von Wirtschaft und Bevölkerung ergeben, abgegolten werden.

6. Die Kantone verfügen über Finanzautonomie, d.h., die Freiheit, ihre Einnahmequellen zu bestimmen und die Verwendung dieser Einnahmen zu regeln. Die Einnahmen werden namentlich durch die Erhebung von Abgaben generiert. Diese unterscheiden sich von Kanton zu Kanton erheblich, so etwa bei den Kopf-, Liegenschafts-, oder Erbschaftssteuern. Die Finanzautonomie kann in einem Bundesstaat allerdings nicht absolut gelten. Sie wird insbesondere durch den Finanzausgleich beschränkt. Zudem sind die Kantone gehalten, Bundesrecht umzusetzen; insoweit kommt ihnen bei der Verwendung der Finanzeinnahmen nur eine beschränkte Autonomie zu.

Zuständigkeiten

7. Es sind grundsätzlich drei Möglichkeiten denkbar:
   - Aufzählung sowohl der Bundes- als auch der Gliedstaatenkompetenzen (da bei neu anfallenden Aufgaben jeweils Lücken entstehen, wird diese Lösung in der Praxis nicht gewählt).

- Nur die Bundeskompetenzen werden explizit aufgeführt. Die nicht genannten Kompetenzen kommen den Gliedstaaten zu (Lösung in der Schweiz).
- Auflistung der gliedstaatlichen Kompetenzen, wobei dem Bund die verbleibenden Kompetenzen zukommen (Lösung in Kanada).

8. Neue Regelungsgegenstände fallen aufgrund der subsidiären Generalkompetenz in BV 42 stets in den Zuständigkeitsbereich der Kantone, sodass keine Lücke entstehen kann. Dadurch wird auch Zentralisierungstendenzen entgegengewirkt, da die Verfassung stets zuerst revidiert werden muss, bevor der Bund eine neu anfallende Aufgabe übernehmen kann.

9. Rechtsetzungskompetenzen des Bundes können unterschiedliche Reichweiten haben:
   - umfassende Kompetenz;
   - Grundsatzgesetzgebungskompetenz;
   - Förderungskompetenz.

   Daneben versteht ein Teil der Lehre fragmentarische Kompetenzen als eigenständige Kategorie. Solche Kompetenzen beziehen sich stets bloss auf eingeschränkte Sachbereiche. Ob man von einer umfassenden oder bloss einer fragmentarischen Kompetenz spricht, hängt letztlich von der Bezugsgrösse ab, die man verwendet.

10. Bundeskompetenzen sind meistens nachträglich derogatorisch (auch: konkurrierend). Dies bedeutet, dass die kantonale Gesetzgebung erst dann ihre Geltung verliert, wenn der Bund über die fragliche Materie ein Gesetz in Kraft setzt. Solange und soweit der Bund nicht tätig wird, bleiben die Kantone zuständig.

    Wird dagegen eine Kompetenz mit ursprünglich derogatorischer Wirkung in die Verfassung aufgenommen, geht jede entsprechende kantonale Kompetenz sofort unter. Die diesbezüglichen kantonalen Regelungen gehen unabhängig davon unter, ob der Bund von seiner Kompetenz bereits Gebrauch gemacht hat. Solche ursprünglich derogatorische Bundeskompetenzen würden heute zu einem Regelungsvakuum führen und haben folglich bloss noch historische Bedeutung.

11. BV 98 Abs. 1 gibt dem Bund in Bezug auf den Bank- und Börsenbereich eine umfassende Rechtsetzungskompetenz.

Bundeskompetenzen mit ursprünglich derogatorischer Kraft haben nur noch historische Bedeutung. Im vorliegenden Fall handelt es sich um eine Kompetenz mit nachträglich derogatorischer Kraft.

Konflikte zwischen Bundes- und kantonalem Recht

12. Bei einem Normkonflikt geht aufgrund von BV 49 Abs. 1 Bundesrecht gleich welcher Normstufe entgegenstehendem kantonalem Recht vor.

13. Eine Kompetenzkollision liegt vor, wenn der Bund sich zu Unrecht auf eine Kompetenz stützt, die dem Kanton zusteht, oder der Kanton gestützt auf eine Bundeskompetenz ein Gesetz erlässt. Solange die kantonale und die bundesrechtliche Regelung inhaltlich übereinstimmen, bleibt das gleichlautende kantonale Gesetz gültig.

    Eine Normenkollision besteht, wenn zwischen einer kantonalen und einer bundesrechtlichen Norm ein inhaltlicher Widerspruch vorliegt. Das kantonale Recht, das dem Bundesrecht widerspricht, ist nichtig.

    Beantworten Bundes- und kantonales Recht dieselben Rechtsfragen auf unterschiedliche Weise, liegt sowohl eine Kompetenz- als auch eine Normkollision vor. Das kantonale Recht ist wiederum nichtig; es weicht sogar kompetenzwidrigem Bundesrecht.

14. Der Vorrang des Bundesrechts kann einerseits dank Privaten durchgesetzt werden, die ihm als verfassungsmässiges Recht in einem Beschwerdeverfahren zur Geltung verhelfen. Andererseits kann der Bund mit der Bundesaufsicht dafür sorgen, dass die Kantone bei ihrer Aufgabenerfüllung die bundesrechtlichen Vorgaben einhalten.

15. Kantonales Recht, das Bundesrecht widerspricht, ist nichtig. Diese Nichtigkeit müssen die rechtsanwendenden Behörden von Amts wegen berücksichtigen; es ist mithin kein besonderer Akt notwendig, mit dem das bundesrechtswidrige kantonale Recht aufgehoben wird. Bei nachträglich derogatorischer Wirkung der Bundeskompetenz tritt die Nichtigkeit mit Inkrafttreten des entsprechenden Bundesgesetzes ein, bei ursprünglich derogatorischer Kraft bereits bei der Begründung der Bundeskompetenz.

16. Die Kantone werden gemäss ZGB 6 in ihren öffentlich-rechtlichen Befugnissen durch das Bundeszivilrecht nicht beschränkt. Das kantonale öffentliche Recht darf aber nicht Sinn und Zweck des Bundeszivilrechts vereiteln.

Zusammenwirken von Bund und Kantonen

17. Kooperativer Föderalismus bezeichnet die Zusammenarbeit von Kantonen untereinander und mit dem Bund. Das schweizerische Staatssystem ist geprägt vom Zusammenwirken von Bund und Kantonen in vertikaler wie auch in horizontaler Richtung. In vertikaler Hinsicht können die Kantone bei den Entscheidungen des Bundes mitwirken (vorne Frage 3). Zudem verfügen sie für die horizontale Kooperation über verschiedene Kooperationsinstrumente (Verträge, Organisationen).

18. Die Kantone müssen zuerst versuchen, die Streitigkeiten durch Verhandlung beizulegen, allenfalls unter Beizug eines aussenstehenden Vermittlers (BV 44 Abs. 3). Bei Scheitern einer aussergerichtlichen Einigung kann ein Kanton gegen den anderen nach BV 189 Abs. 2 beim Bundesgericht Klage einreichen.

19. Die Kantone können in der Regel frei wählen, ob sie ihre eigenen sowie die ihnen vom Bund zur Erfüllung übertragenen Aufgaben allein oder gemeinsam erfüllen wollen. BV 48a sieht daneben in bestimmten Aufgabengebieten eine Pflicht zur Zusammenarbeit vor, indem der Bund auf Antrag der Kantone ein Konkordat für sämtliche Kantone allgemein verbindlich erklären oder bestimmte Kantone zur Beteiligung verpflichten kann.

20. Die Kantone haben nach BV 48 Abs. 3 den Bund über interkantonale Verträge zu informieren. Der Bundesrat oder ein Drittkanton kann gegen den Vertrag Einsprache bei der Bundesversammlung erheben (BV 172 Abs. 3). Private können zudem geltend machen, dass das Konkordat Bundesrecht widerspricht (vgl. BV 189 Abs. 1 Bst. a).

21. Wird Einsprache erhoben, hat das Parlament nachträglich, d.h. nach Inkrafttreten des Konkordats, dessen Gültigkeit zu beurteilen. Dabei überprüft es, ob kein Widerspruch zu Bundesrecht, Bundesinteressen oder zu Rechten anderer Kantone besteht. Sind die Voraussetzungen für die Genehmigung erfüllt, bestätigt das Parlament die Gültigkeit des Vertrags, ansonsten stellt es seine Nichtigkeit fest.

Bundesgarantien

22. Die Bundesverfassung sieht folgende Bundesgarantien vor:
    - Gewährleistung der Kantonsverfassungen (BV 51);
    - Schutz der verfassungsmässigen Ordnung der Kantone (BV 52);
    - Gebiets- und Bestandesgarantie (BV 53).

23. In der Schweiz gibt es im Gegensatz zu den Vereinigten Staaten kein eidgenössisches Staatsgebiet, das nicht zugleich Staatsgebiet der Kantone ist.

24. Die Bestandesgarantie bedeutet, dass ohne Änderung von BV 1 die Anzahl der Kantone nicht verändert werden darf (vgl. BV 53 Abs. 2). Die Gebietsgarantie stellt hingegen sicher, dass Gebietsveränderungen zwischen den Kantonen nur mit Zustimmung der betroffenen Bevölkerung und der betroffenen Kantone sowie mit Genehmigung der Bundesversammlung erfolgen können (BV 53 Abs. 3).

25. Für die innere Sicherheit sind die Bundesversammlung und der Bundesrat zuständig. BV 186 Abs. 4 ermächtigt den Bundesrat zudem ausdrücklich zu den erforderlichen Massnahmen zum Schutz von Bundesrecht und Kantonsverfassungen. Die letzte Bundesintervention fand im Jahr 1932 statt.

26. Bei der Bundesintervention greift der Bund zum Schutz der verfassungsmässigen Ordnung eines Kantons ein, wenn diese gestört oder bedroht ist und der betroffene Kanton die Ordnung nicht selber oder mithilfe anderer Kantone schützen kann (BV 52 Abs. 2). Bei der Bundesexekution dagegen verpflichtet der Bund die Kantone zur Einhaltung des Bundesrechts, wobei er im Notfall zu Zwangsmitteln greifen darf (vgl. BV 173 Abs. 1 Bst. e).

27. Ja, die Gewährleistung ist deklaratorischer Natur, sodass die kantonalen Verfassungsbestimmungen schon vor erfolgter Gewährleistung in Kraft treten können.

28. Durch die Genehmigung der Kantonsverfassungen wird zunächst sichergestellt, dass das Bundesrecht von den Kantonen eingehalten wird. Zudem wird ein Minimum an Homogenität der Kantonsverfassungen gewährleistet.

Gemeinden

29. Öffentlich-rechtliche Körperschaften sind durch staatlichen Hoheitsakt errichtete dezentralisierte Verwaltungsträger, die rechtlich verselbstständigt, mitgliedschaftlich verfasst und mit Autonomie ausgestattet sind.

30. In der Schweiz gibt es einerseits Gebietskörperschaften wie die Einwohnergemeinde und andererseits Personalkörperschaften wie die Bürgergemeinde. Zudem bestehen funktionsbezogene Gemeindetypen wie Kirch- und Schulgemeinden.
31. Jede Gemeinde bestimmt in ihrer Gemeindeordnung ihre Organisation selbst. In einigen Gemeinden ist die Gemeindeversammlung das oberste Organ, in anderen das Gemeindeparlament.
32. Die Autonomie gemäss BV 50 i.V.m. den entsprechenden kantonalen Normen garantiert den Gemeinden das Recht zum Erlass eigener Rechtsnormen und zur Selbstverwaltung. Die Gemeinden sind nach der Rechtsprechung in einem Sachbereich dann autonom, wenn das kantonale Recht für diesen keine abschliessende Regelung erlässt, sondern ihn ganz oder teilweise der Gemeinde zur Normierung überlässt (BGE 138 I 242 E. 5.2). Wenden sie ihr eigenes Recht an und lässt dieses Entscheidungsspielräume offen, dürfen die kantonalen Instanzen letztere nur zurückhaltend überprüfen. Bei der Anwendung kantonalen Rechts können sich Gemeinden demgegenüber nur dann auf ihre Autonomie berufen, wenn ihnen das kantonale Recht eine relativ erhebliche Entscheidungsfreiheit einräumt.
33. Eine Verletzung der vom kantonalen Recht gewährten Autonomie kann die Gemeinde mit der Autonomiebeschwerde gemäss BV 189 Abs. 1 Bst. e beim Bundesgericht rügen. Nach BGG 86 Abs. 2 müssen Kantone überall dort, wo eine Beschwerde an das Bundesgericht möglich ist, als unmittelbare Vorinstanz ein oberes Gericht bezeichnen. Die Gemeinde muss damit Entscheide, die aus ihrer Sicht ihre Autonomie verletzen, stets bei den kantonalen Instanzen anfechten, bevor sie den letztinstanzlichen Entscheid des kantonalen Verwaltungsgerichts ans Bundesgericht weiterziehen kann.
34. Gemäss BV 50 Abs. 1 ist die Gemeindeautonomie nach Massgabe des kantonalen Rechts gewährleistet. Die Autonomie ist demnach ein kantonales verfassungsmässiges Recht. Bei der Beschwerde an das Bundesgericht ergibt sich der Beschwerdegrund folglich aus BGG 95 Bst. c.
35. Die Gemeinden sind in ihrer Organisation sowie bei der Verwaltung des Gemeindevermögens autonom. Rechtsgebiete, bei denen sich die Gemeinden relativ häufig auf ihre Autonomie berufen können, sind sodann typischerweise das kommunale Polizeirecht, ebenso die Regelung des öffentlichen Bauwesens (wie der Bau kommunaler Strassen und Einrichtungen), der kommunalen Versorgungsbetriebe sowie der Verleihung des Gemeindebürgerrechts.

36. Das Bundesgericht prüft die Sachurteilsvoraussetzungen kommunaler Autonomiebeschwerden nach folgendem Schema:

Liegt ein gültiges Anfechtungsobjekt vor?

Kantonaler Anwendungsakt oder Erlass (BGG 82 Bst. a und b)

Liegt ein zulässiger Beschwerdegrund vor?

Gemeindeautonomie in der Rechtsanwendung oder in der Rechtssetzung oder andere kantonale Garantien zugunsten öffentlich-rechtlicher Körperschaften (BGG 95 Bst. c)

Wurde der kantonale Instanzenzug erschöpft?

Letzte kantonale Instanz als Vorinstanz (BGG 86 Abs. 1 Bst. d)

Partei- und Prozessfähigkeit:

Gemeinden sind als juristische Personen des öffentlichen Rechts parteifähig, die Prozessführung erfolgt durch ein vertretungsberechtigtes Organ.

Ist die Gemeinde beschwerdelegitimiert?

- Betroffenheit als Trägerin hoheitlicher Gewalt und Behauptung einer Autonomieverletzung (BGG 89 Abs. 2 Bst. c);
- aktuelles und praktisches Interesse

Bei Betroffenheit wie ein Privater in verfassungsmässigen Rechten richtet sich die Legitimation nach den allgemeinen Voraussetzungen von BGG 89 Abs. 1. Vgl. aber BGE 140 I 90 E. 1.2.2.

Sind die Beschwerdeformalien eingehalten?

(BGG 100 Abs. 1 und BGG 42)

Übungsfall 1: Hooligan-Konkordat

Eine Beteiligungsverpflichtung an einem Konkordat kann nur in den in BV 48a Abs. 1 genannten Materien erfolgen. Das Hooligan-Konkordat fällt nicht darunter. Ein Kontrahierungszwang ist daher unzulässig.

Übungsfall 2: Schwyzer Kantonsverfassung

Von den Anforderungen, denen eine neue Kantonsverfassung zu genügen hat, fällt zunächst das Erfordernis der demokratischen Verfassung in BV 51 Abs. 1 Satz 1 in Betracht. Dieses verlangt, dass die kantonalen Parlamente in direkter Volkswahl bestimmt werden. Zwischengeschaltete Wahlgremien sind nach diesem Erfordernis unzulässig. Im vorliegend zu beurteilenden Fall werden die Kantonsräte direkt gewählt.

Damit fragt sich, ob die neue Bestimmung den Anforderungen des Bundesrechts gemäss BV 51 Abs. 2 gerecht wird. Gemäss BV 39 Abs. 1 regeln die Kantone die Ausübung des Stimmrechts in kantonalen Angelegenheiten. Aufgrund von BV 8 muss diese Ausübung vor dem Grundsatz des allgemeinen und gleichen Stimmrechts standhalten. Zudem verlangt BV 34 Abs. 2, dass das Wahlergebnis den freien Willen der Wählenden zuverlässig zum Ausdruck bringt. Die Verfassung verlangt damit zwar keine absolut gleich grosse Wahlkreise. Wenn jedoch, wie hier, die Wahlkreise von höchst unterschiedlicher Grösse sind, wird dadurch die Wahlrechtsgleichheit verletzt. Die Bundesversammlung muss damit der neuen Bestimmung die Gewährleistung verweigern.

Übungsfall 3: Endlagerung radioaktiver Abfälle

Gemäss BGG 82 Bst. b beurteilt das Bundesgericht Beschwerden «gegen kantonale Erlasse». Unter Erlassen versteht man generell-abstrakte Regelungen (vgl. 3. Teil, Frage 1) und damit auch Kantonsverfassungen. Das Bundesgericht tritt im Rahmen *abstrakter* Normenkontrollverfahren dennoch nicht auf Beschwerden gegen revidierte kantonale Verfassungsbestimmungen ein. Es begründet dies damit, dass die entsprechenden Bestimmungen bereits von der Bundesversammlung im Rahmen des Gewährleistungsverfahrens überprüft wurden und anderenfalls eine zweifache Prüfung stattfinde (vgl. bezüglich der Beschwerde der NAGRA BGE 118 Ia 124 E. 3b).

Die Begründung überzeugt nicht. Die Gewährleistung erfolgt durch eine politische Behörde, nicht durch ein Gericht. Zudem werden im Gegensatz zu einem gerichtlichen Verfahren die Argumente nicht kontradiktorisch erörtert. Insofern gäbe es gute Gründe, auf Beschwerden gegen geänderte Verfassungsbestimmungen einzutreten. Im Ergebnis werden die Folgen der Rechtsprechung insofern abgemildert, als im Nachhinein eine *konkrete* Normenkontrolle möglich ist, sofern seit dem Gewährleistungsbeschluss neues übergeordnetes Recht in Kraft trat.

Übungsfall 4: Autofreie Sonntage

a) Im Bereich des Strassenverkehrs besteht eine Gesetzgebungskompetenz des Bundes: Gemäss BV 82 erlässt der Bund Vorschriften über den Strassenverkehr und übt die Oberaufsicht über Strassen von gesamtschweizerischer Bedeutung aus, wobei er bestimmt, welche Durchgangsstrassen für den Verkehr offenbleiben müssen.

b) Diese Bundeskompetenz ist fragmentarischer Natur: Das eidgenössische Recht behält den rechtssatzmässigen Erlass allgemein geltender Verkehrsbeschränkungen dem Bund vor. Den Kantonen wird aber die Kompetenz eingeräumt, *für bestimmte Strassen* auf ihrem Gebiet Verkehrsbeschränkungen mittels Verfügung und Signalisation anzuordnen.

c) Nur der Bundesrat ist befugt, per Rechtssatz für das ganze Hoheitsgebiet geltende Beschränkungen des Motorfahrzeug- und Fahrradverkehrs anzuordnen, ohne diese auf dem Strassennetz auszuschildern. Diese Kompetenz schliesst eine kantonale Regelung aus, wonach diese den motorisierten Verkehr auf ihrem Hoheitsgebiet per Rechtssatz *generell* beschränken.

Der Kanton Appenzell-Ausserrhoden hat daher nicht die Kompetenz, die für die Einführung eines kantonalen Sonntagsfahrverbotes erforderlichen Rechtssätze zu erlassen (vgl. BGE 130 I 134 E. 3.2).

Übungsfall 5: Einseitige Mankoüberbindung

Gemäss BV 122 Abs. 1 ist die Gesetzgebung auf dem Gebiet des Zivilrechts zwar Sache des Bundes. Der Bund möchte hier jedoch nicht nur in diesem Gebiet legiferieren, sondern auch im Bereich der Sozialhilfe. Für Letzteres hat er keine verfassungsmässige Kompetenz. Die Sozialziele in BV 41 begründen keine Bundeskompetenzen, ebenso wenig Grundrechte wie der Schutz von

Kindern und Jugendlichen in BV 11 oder das Recht auf Hilfe in Notlagen in BV 12. Daher muss der Bund darauf verzichten, die Regelung zur Bemessung der Unterhaltsbeiträge zu ändern (vgl. Botschaft zu einer Änderung des Schweizerischen Zivilgesetzbuches [Kindesunterhalt] vom 29. November 2013, BBl 2014 529, 531, 558 f.).

Übungsfall 6: Kampfhundeverbot

Nach BV 80 Abs. 1 erlässt der Bund Vorschriften über den Schutz der Tiere. Das darauf gestützte Tierschutzgesetz bezweckt gerade den Tierschutz und nicht den Schutz der Menschen. Eine Bundeskompetenz betreffend den Schutz von Personen gegenüber Tieren sieht die Verfassung nicht vor. Die Kompetenz zum Erlass von Vorschriften zum unmittelbaren Schutz des Menschen vor gefährlichen Hunden fällt damit in den Zuständigkeitsbereich der Kantone (vgl. BGE 133 I 172 E. 2). Vor dem Erlass eines solchen Gesetzes muss also zunächst die Bundesverfassung geändert werden. Aufgrund des Anwendungsvorrangs in BV 190 steht es dem Parlament allerdings frei, auch ohne entsprechende Kompetenznorm ein Bundesgesetz zu verabschieden; die Behörden müssten es trotz seiner Verfassungswidrigkeit anwenden.

Übungsfall 7: Schulzahnpflegegesetz

a) Nach BV 118 Abs. 1 trifft der Bund im Rahmen seiner Zuständigkeiten Massnahmen zum Schutz der Gesundheit. Er erlässt insbesondere Vorschriften über die Bekämpfung übertragbarer, stark verbreiteter oder bösartiger Krankheiten von Menschen und Tieren (BV 118 Abs. 2 Bst. b). Da Karies und Parodontose als stark verbreitete Krankheit gelten, fällt die Schulzahnpflege und -prophylaxe aufgrund der genannten Bestimmung in die Kompetenz des Bundes (BGE 118 Ia 427 E. 6d).

b) Die Bundeskompetenz nach BV 118 Abs. 1 (Gesundheitsschutz) ist fragmentarischer Natur. Bezüglich der in BV 118 Abs. 2 genannten Bereiche besteht hingegen eine umfassende Rechtsetzungskompetenz des Bundes.

c) In der Regel kommt einer Gesetzgebungskompetenz des Bundes in zeitlicher Hinsicht nachträglich derogatorische Wirkung zu. Das bedeutet, dass der Kanton Freiburg ein entsprechendes Gesetz erlassen kann, solange der Bund seine Regelungskompetenz nicht wahrgenommen hat. Bislang hat der Bundesgesetzgeber hinsichtlich der Schulzahnpflege nichts geregelt. Es steht dem Freiburger Gesetzgeber demzufolge frei, eine eigenständige Regelung zu verabschieden.

Übungsfall 8: Love Vegan

Die Stadt St. Gallen ist durch den angefochtenen Entscheid des Verwaltungsgerichts, mit dem ihre Bewilligungsbefugnis verneint wurde, in ihren hoheitlichen Befugnissen betroffen. Sie ist daher nach BGG 89 Abs. 2 Bst. c legitimiert, mit Beschwerde in öffentlich-rechtlichen Angelegenheiten eine Verletzung ihrer Gemeindeautonomie geltend zu machen.

Übungsfall 9: Schüler mit Schwierigkeiten

Eine Gemeinde ist in einem Sachbereich autonom, wenn das kantonale Recht diesen nicht abschliessend ordnet, sondern ihn ganz oder teilweise der Gemeinde zur Regelung überlässt und ihr dabei eine relativ erhebliche Entscheidungsfreiheit einräumt. Die kantonale Regelung betreffend «Kinder mit Schulschwierigkeiten» ist abschliessend. Zwar kommt der Schulgemeinde bei der Beurteilung der Frage, ob ein Kind nach dieser Bestimmung die individuellen Voraussetzungen für die Einweisung in die Sonderklasse erfüllt, ein gewisser Entscheidungs- bzw. Anordnungsspielraum zu. Dabei geht es aber nicht darum, einer allfälligen Verschiedenheit der Bedürfnisse und Verhältnisse in den einzelnen Gemeinden Rechnung zu tragen, sondern im Einzelfall eine pädagogisch sachgerechte Entscheidung zu ermöglichen. Das in diesem Bereich durch die kantonale Schulgesetzgebung der Volksschulgemeinde eingeräumte Ermessen ist damit nicht «gemeindefreiheitsbezogen» und stellt keinen autonomiebegründenden Spielraum dar (vgl. BGer v. 16. Mai 2003, 2P.43/2003, E. 2.4). Damit ist die Stadt nicht zur Beschwerde ans Bundesgericht legitimiert.

C. Lösungen zum 3. Teil: Rechtsetzung

Grundlagen

1. Auf Bundesebene definiert ParlG 22 Abs. 4 Rechtssätze als Bestimmungen, die in unmittelbar verbindlicher und generell-abstrakter Weise Pflichten auferlegen, Rechte verleihen oder Zuständigkeiten festlegen. Generell heisst in diesem Zusammenhang, dass sich der Rechtssatz an eine Viel-

zahl von Adressaten richtet, abstrakt, dass er eine unbestimmte Zahl von in den wesentlichen Punkten gleich gelagerter Sachverhalte regelt. Auf Bundesebene kann für rechtsetzende Bestimmungen entweder die Form des Bundesgesetzes oder der Verordnung gewählt werden (BV 163 Abs. 1).

2. Die Stimmberechtigten können die Rechtsetzung zunächst mittelbar beeinflussen:

- Einfluss auf den Erlass von Bundesgesetzen sowie weiterer Erlasse durch die Bestimmung der politischen Zusammensetzung des Parlaments;
- Vernehmlassungsverfahren bei Verordnungen von erheblicher Tragweite (vgl. VlG 3 Abs. 2).

Die Stimmberechtigten können sodann in unmittelbarer Weise auf die Rechtsetzung Einfluss nehmen:

- Anstoss zu Verfassungsänderungen durch das Sammeln von 100'000 Unterschriften (BV 138 Abs. 1 und 139 Abs. 1);
- obligatorisches Referendum für Verfassungsänderungen, wichtige Beitrittsbeschlüsse sowie verfassungsdurchbrechende dringliche Bundesgesetze (BV 140);
- fakultatives Referendum für Gesetze, wichtige Bundesbeschlüsse sowie gewisse völkerrechtliche Verträge (BV 141; im Einzelnen sogleich Frage 5).

3. Die Normenhierarchie widerspiegelt die demokratische Legitimation eines Erlasses und umgekehrt. Je höher sich eine Norm in der Hierarchie befindet, desto höher muss auch ihre demokratische Legitimation sein.

- Zuoberst steht die Bundesverfassung, die der Zustimmung von Volk und Ständen bedarf (vgl. BV 139 Abs. 4).
- Die nachfolgenden Bundesgesetze bedürfen neben der Zustimmung des Parlaments nur diejenige des Volks, falls das fakultative Referendum ergriffen wird (vgl. BV 141 Abs. 1 Bst. a).
- Die dahinter folgenden Parlamentsverordnungen sind noch unmittelbar demokratisch legitimiert, da das Parlament direkt vom Volk gewählt wurde (vgl. BV 149 Abs. 2 und 150 Abs. 2).
- Die zuunterst stehenden Verordnungen des Bundesrats sind schliesslich nur noch mittelbar demokratisch legitimiert (vgl. RVOG 7).

4. Erlasse sind Rechtsakte, die auf dem Weg des Gesetzgebungsverfahrens ergehen. BV 163 benennt als Erlassformen der Bundesversammlung in abschliessender Weise Bundesgesetz, Parlamentsverordnung, Bundesbeschluss und einfachen Bundesbeschluss.
5. Dem fakultativen Referendum unterliegen Bundesgesetze, Bundesbeschlüsse und unbefristete Staatsverträge. Falls 50'000 Stimmberechtigte innert 100 Tagen nach der Publikation eines solchen Erlasses dies verlangen, kommt es zu einer Volksabstimmung. Der Erlass kann solange nicht in Kraft treten. Das Referendum hat mithin suspensive Wirkung. Dies wirkt auf den politischen Prozess bremsend, da vom Parlament beabsichtigte Veränderungen hinausgezögert oder verhindert werden können. Gleichzeitig hält es Bundesrat und Parlament dazu an, dem Referendum unterstehende Erlasse möglichst mehrheitsfähig auszugestalten.
6. Bestimmungen entfalten ab dem Zeitpunkt ihres Inkrafttretens rechtliche Wirkungen, soweit sie justiziabel sind. Der Zeitpunkt des Inkrafttretens wird grundsätzlich von demjenigen Organ bestimmt, das den Erlass verabschiedet:
   - Verfassungsänderungen treten gemäss BV 195 in Kraft, wenn sie von Volk und Ständen angenommen werden. Die entsprechende Norm kann allerdings auch ein anderes Datum festlegen, was in aller Regel in einer Übergangsbestimmung geschieht.
   - Bei Bundesgesetzen bestimmt die Bundesversammlung das Datum des Inkrafttretens; in der Praxis wird diese Kompetenz in der Regel an den Bundesrat übertragen (vgl. z.B. BPR 92 Abs. 2).
   - Bei Verordnungen entscheidet der Verordnungsgeber (Parlament, Bundesrat, Bundesgericht) über das Inkrafttreten.
7. Verordnungen enthalten generell-abstrakte Bestimmungen (vgl. vorne Frage 1). Diese werden in einem einfachen und im Vergleich zum Verfassungs- oder Gesetzgebungsverfahren kürzeren Prozess erlassen. Verordnungen können auf Bundesebene vom Bundesrat, einem Departement oder einem Bundesamt, ebenso von der Bundesversammlung oder vom Bundesgericht erlassen werden. Sie stehen in der Normenhierarchie unterhalb von Gesetzen und unterstehen unter anderem auch deshalb nicht dem Referendum. Verordnungen sind nach dem Gesagten flexibler und anpassungsfähiger.

Verfassungsgebung

8. Die Bundesverfassung wird in der Regel nur teilweise, ausnahmsweise auch mal umfassend revidiert (vgl. BV 192 Abs. 1):
   - Bei einer Teilrevision werden nur ein oder wenige zusammenhängende Verfassungsartikel geändert bzw. neu hinzugefügt (vgl. BV 194).
   - Bei einer Totalrevision werden sämtliche oder zahlreiche Artikel der Verfassung erneuert, und es kommt zu einer Neudatierung der Verfassungsurkunde (vgl. BV 193). Seit dem Inkrafttreten der Bundesverfassung von 1848 fanden bis heute nur zwei Totalrevisionen statt (1874 und 1999). Eine im Jahr 1934 von rechtsradikaler Seite initiierte Totalrevision scheiterte im darauf folgenden Jahr in der Volksabstimmung klar.

   Die Föderalismusreform von 2003 wurde vom Bundesrat als Totalrevision deklariert. Das überzeugt freilich nicht, da die Verfassung von 1999 nicht neu datiert, geschweige denn umfassend ersetzt wurde. Reformpakete wie jenes soeben erwähnte zum «Neuen Finanzausgleich» sind vielmehr als Teilrevisionen zu qualifizieren. Dass sie relativ umfassend sind, ändert nichts daran, dass mit ihnen der Grundsatz der Einheit der Materie gewahrt wird (statt vieler TSCHANNEN § 44 Rz. 8 m.w.H., a.M. RHINOW/ SCHEFER, Rz. 2076; vgl. auch hinten Frage 13).

9. Eine Verfassungsänderung kann entweder von 100'000 Stimmberechtigten oder von der Bundesversammlung eingeleitet werden. Im letzteren Fall geht der Anstoss auf den Bundesrat, einen Kanton oder das Parlament selbst zurück (vgl. BV 194 Abs. 1 und 192 Abs. 2).

10. Eine Volksinitiative kann in der Form eines ausgearbeiteten Entwurfs oder einer allgemeinen Anregung eingereicht werden (BV 139 Abs. 2). Letztere Form wird von den Initianten nur selten gewählt, zuletzt war dies im Jahr 1993 der Fall (vgl. BBl 1995 I 428, 431 ff.).

11. Hürden der Volksinitiativen:

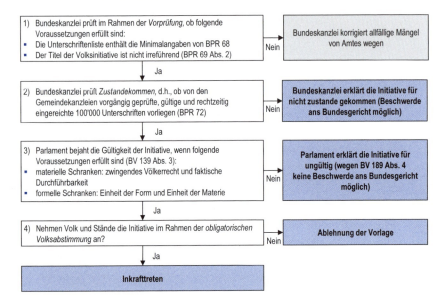

12. Nach BV 139 Abs. 3 und BV 193 Abs. 4 bzw. BV 194 Abs. 2 ist einzige Voraussetzung für die inhaltliche Gültigkeit einer Volksinitiative die Wahrung der zwingenden Bestimmungen des Völkerrechts. Neben dieser expliziten Voraussetzung wird von der Praxis und der Lehre zusätzlich die ungeschriebene Voraussetzung der faktischen Durchführbarkeit bejaht.

13. Aufgrund der Voraussetzung der Einheit der Materie dürfen bei einer Teilrevision der Verfassung nur Fragen mit einem sachlichen Zusammenhang zur Abstimmung gebracht werden (für die Bundesebene BV 194 Abs. 2 sowie BPR 75 Abs. 2). Ein sachlicher Zusammenhang besteht, wenn die Fragen der Vorlage in einem Zweck-Mittel-Verhältnis zueinander stehen, dasselbe Ziel verfolgen oder eine einheitliche Thematik betreffen. Die Voraussetzung der Einheit der Materie ergibt sich aus dem Anspruch auf freie Willensbildung und unverfälschte Stimmabgabe gemäss BV 34 Abs. 2. Sie will sicherstellen, dass stets nur über eine einzige politische Frage abgestimmt wird. Der Stimmbürger soll mithin nicht dazu gezwungen werden, eine Vorlage abzulehnen, obwohl er einen eigenständigen Teil davon befürwortet, sondern vielmehr ungezwungen zur ganzen Vorlage Ja oder Nein sagen können.

14. Die zwingenden Bestimmungen des Völkerrechts bilden eine materielle Schranke der Verfassungsrevision. Zum ius cogens zählen Vorschriften, die von der internationalen Staatengemeinschaft in ihrer Gesamtheit als Normen anerkannt werden, von denen nicht abgewichen werden darf (VRK 53). Es geht mithin um grundsätzliche Normen wie solche aus dem humanitären Völkerrecht oder die Verbote von Folter, Genozid und Sklaverei. Ob das Verbot der Todesstrafe als regional zwingendes Völkerrecht eine materielle Schranke der Verfassungsrevision darstellt, ist umstritten. Manche Autoren legen dem Begriff der zwingenden Bestimmungen des Völkerrechts sodann ein im Vergleich zum völkerrechtlichen ius cogens erweitertes Verständnis zugrunde. Bis anhin wurde erst eine Volksinitiative wegen Verletzung des zwingenden Völkerrechts für ungültig erklärt (die Volksinitiative «für eine vernünftige Asylpolitik», s. vorne 1. Teil, Übungsfall Nr. 3).

Rechtsetzung durch das Parlament

15. Gesetze im formellen Sinn sind Erlasse, die vom Parlament im dafür vorgesehenen Verfahren erlassen werden. Wichtige rechtsetzende Bestimmungen dürfen nur in dieser Form erlassen werden (für Bundesgesetze explizit BV 164 Abs. 1; vgl. für kantonale Erlasse BV 36 Abs. 1 Satz 2).

    Beim Begriff des Gesetzes im materiellen Sinn wird nicht auf die Form des Erlasses, sondern auf dessen Inhalt abgestellt. Regelt ein Erlass Sachverhalte in generell-abstrakter Weise, handelt es sich dabei unabhängig vom rechtsetzenden Organ um ein Gesetz im materiellen Sinn (vgl. vorne Frage 1). Unter letzteren Begriff fallen deshalb nicht nur Bundesgesetze, sondern auch Verordnungen.

16. Das Gesetzgebungsverfahren umfasst folgende Schritte:
    - Der *Anstoss* für ein neues Gesetz kann vom Parlament (Ratsmitglied, Fraktion oder Kommission), von den Kantonen (über Standesinitiative) oder vom Bundesrat bzw. von der Verwaltung kommen (BV 161 und 180).
    - Ein Gesetzesentwurf wird darauf im *Vorverfahren* von einer parlamentarischen Kommission (ParlG 44 Abs. 1) bzw. dem zuständigen Departement ausgearbeitet (BV 177 Abs. 2).

- Der Gesetzesentwurf wird sodann Kantonen, Parteien, Verbänden und weiteren interessierten Kreisen zur Vernehmlassung zugestellt (VlG 4 Abs. 2).
- Darauf verabschiedet der Bundesrat die Botschaft (Erläuterungen zum Gesetz, ParlG 141) bzw. die Kommission einen Bericht an das Parlament (ParlG 44 Abs. 2).
- In der Phase des *parlamentarischen Verfahrens* erfolgt die Beratung durch den National- und den Ständerat sowie der Entscheid über Annahme oder Ablehnung des Entwurfs. Sind sich die Räte nicht einig, kommt es zum Differenzbereinigungsverfahren (ParlG 89).
- Stimmen schliesslich beide Räte dem Gesetzeswortlaut zu, wird dieser im Bundesblatt publiziert (PublG 13 Abs. 1 Bst. e).
- Das Gesetz untersteht dem *fakultativen Referendum*; falls dieses ergriffen wird, kommt es zu einer Volksabstimmung (BV 141 Abs. 1 Bst. a).
- Bei Annahme der Volksabstimmung bzw. wenn innerhalb von 100 Tagen kein Referendum ergriffen wird, tritt das Gesetz nach Publikation in der Amtlichen Sammlung des Bundesrechts in Kraft (PublG 2 Bst. b).

17. Mit dem Vernehmlassungsverfahren sollen wichtige Erlasse und andere Vorhaben von grosser Tragweite auf ihre sachliche Richtigkeit, Vollzugstauglichkeit und Akzeptanz hin geprüft werden (vgl. BV 147 und VlG 2 Abs. 2). Die Vorlage wird den Kantonen, Parteien, Verbänden sowie weiteren interessierten Kreisen unterbreitet, damit Einwendungen möglichst früh berücksichtigt werden und so die Drohung mit einem Referendum möglichst verhindert werden kann.

18. Neben den in BV 164 Abs. 1 aufgezählten Bestimmungen handelt es sich grundsätzlich um eine wichtige, in Form des Gesetzes zu erlassende Norm, wenn einer der folgenden Punkte auf die Regelung zutrifft:
    - hohe Anzahl der geregelten Sachverhalte;
    - grosser Adressatenkreis;
    - intensive Betroffenheit in Grundrechten oder sonst wie geschützten Rechtspositionen;
    - grosse Bedeutung für das politische System;
    - enorme finanzielle Auswirkungen;
    - hohe politische Umstrittenheit der fraglichen Norm.

Beachte: Die in BV 164 Abs. 1 Bst. a–g genannten Regelungsbereiche sind nur Beispiele.

19. Die Grundsätze der Stimmabgabe betreffen die Ausübung der politischen Rechte und sind nach BV 164 Abs. 1 Bst. a in der Form des Bundesgesetzes zu erlassen. Eine Verordnung würde nicht genügen. Die genannte Regelung findet sich in BPR 5.
20. Das Parlament kann selbstständige und unselbstständige Verordnungen erlassen. Es regelt durch Verordnungen insbesondere seine eigene Organisation (vgl. ParlG 70 Abs. 1) sowie technische Materien.
21. Mit einer Motion können ein oder mehrere Mitglieder des Parlaments den Bundesrat beauftragen, einen Gesetzesentwurf auszuarbeiten oder eine Massnahme zu treffen (ParlG 120 Abs. 1). Eine Motion ist angenommen, wenn der Rat des antragstellenden Parlamentariers und darauf auch der andere Rat der Motion zustimmen (ParlG 121).
22. Ein Ratsmitglied kann mit einem Postulat den Bundesrat beauftragen, *zu prüfen*, ob ein Gesetzesentwurf der Bundesversammlung vorzulegen oder eine Massnahme zu treffen sei, und sodann darüber Bericht zu erstatten (ParlG 123). Im Gegensatz zur Motion bedarf die Überweisung eines Postulats an den Bundesrat nicht der Zustimmung des anderen Rats (ParlG 124 Abs. 2).

Rechtsetzung durch die Exekutive

23. Unselbstständige Verordnungen des Bundesrats sind entweder gesetzesvertretender oder vollziehender Natur. Beiden Arten ist gemeinsam, dass sie vom Bestand eines Gesetzes abhängig sind (im Einzelnen hinten Frage 28).

    - Die gesetzesvertretende Verordnung ergänzt die gesetzliche Regelung. Ihr kommt Gesetzesfunktion zu, weshalb sie einer Ermächtigung durch das Gesetz selbst bedarf (sogenannte Delegationsnorm).
    - Vollziehungsverordnungen verdeutlichen dagegen lediglich das, was im Gesetz bereits Gestalt annahm, ohne neue Rechte oder Pflichten zu begründen. Sie bezwecken eine einheitliche Anwendung des Gesetzes. Der Bundesrat darf sie deshalb gestützt auf seine allgemeine Vollzugskompetenz in BV 182 Abs. 2 erlassen; im Gegensatz zu gesetzesvertretenden Verordnungen ist keine Delegationsnorm notwendig.

24. Ja, es gibt Verordnungen, die sowohl gesetzesvertretende als auch Vollzugsbestimmungen enthalten. So enthält etwa die Kernenergieverordnung vom 10. Dezember 2004 in Art. 45 Vollzugsbestimmungen und in Art. 7 gesetzesvertretende Normen. Eine scharfe Abgrenzung ist nicht immer möglich. Die Unterscheidung ist aber für gesetzliche bzw. verfassungsmässige Ermächtigung der verfügenden Behörde entscheidend. So ist für den Erlass des zuerst genannten Artikels die allgemeine Vollzugskompetenz ausreichend, während es für das zweite Beispiel eine Grundlage im Kernenergiegesetz braucht.

25. Die Gesetzesdelegation ist die Übertragung von Rechtsetzungsbefugnissen. Der häufigste Fall einer solchen Delegation von Rechtsetzungsbefugnissen ist jene von der Legislative an die Exekutive. Sie ist unter den folgenden kumulativ zu erfüllenden Voraussetzungen zulässig:

    - Kein Ausschluss der Gesetzesdelegation durch die Verfassung.
    - Die Delegationsnorm muss in einem Gesetz im formellen Sinn enthalten sein.
    - Die Delegation ist auf eine bestimmte Materie beschränkt.
    - Die Grundzüge der Regelung müssen im Gesetz selbst enthalten sein.

26. Die Abgrenzung von Polizeinotverordnungen nach BV 185 Abs. 3 und Verordnungen zur aussenpolitischen Interessenwahrung gemäss BV 184 Abs. 3 ist teilweise schwierig, sodass eine Massnahme in der Praxis zuweilen auf beide Bestimmungen gestützt wird. Grundsätzlich geht es bei BV 184 Abs. 3 um aussenpolitische Sachverhalte, mithin die Beziehungen zu anderen Völkerrechtssubjekten. Diese lassen sich jedoch nicht immer klar von Belangen der äusseren Sicherheit gemäss BV 185 Abs. 3 abgrenzen. Der Anwendungsbereich von BV 184 Abs. 3 ist weiter, da er im Gegensatz zu BV 185 Abs. 3 nicht die Abwehr von Gefahren voraussetzt. Zudem ist zeitliche Dringlichkeit bei Interessenswahrungsverordnungen nur erforderlich, wenn in Grundrechte eingegriffen wird.

27. Die Voraussetzungen der polizeilichen Generalklausel sind auch für die Anwendung der bundesrätlichen Notverordnungen massgebend. Für die Bestimmung der Schutzgüter der Polizeinotverordnung ist BV 36 Abs. 1 Satz 3 heranzuziehen, der allerdings von einem weiteren Begriff der Schutzgüter ausgeht (vgl. BGE 126 I 112 E. 4b und 137 II 431 E. 3.3.1). Polizeinotverordnungen müssen sicherheitspolitische Anliegen betreffen; wirtschaftspolitische Gründe reichen nicht aus (ANDREAS LIENHARD/AGATA

ZIELNIEWICZ, Zum Anwendungsbereich des bundesrätlichen Notrechts, ZBl 113 [2012] 111, 125 ff.).

28. Obwohl BV 182 Abs. 2 den Bundesrat zum Erlass von Vollziehungsverordnungen ermächtigt, setzen solche Verordnungen denknotwendig ein Gesetz voraus. Ohne ein Gesetz gäbe es nichts, was zu vollziehen wäre. Vollziehungsverordnungen sind deshalb vom Bestand eines Gesetzes abhängig, weshalb sie hier zu den unselbstständigen Verordnungen gezählt werden (ebenso etwa TSCHANNEN, § 46 Rz. 13 m.w.H.). Die herrschende Lehre zählt die Vollziehungsverordnungen dagegen zu den selbstständigen Verordnungen, da sie nach Ansicht jener Autoren ihre Grundlage unmittelbar in der Verfassung finden (vgl. etwa HÄFELIN/HALLER/KELLER, Rz. 1859).

Völkerrechtliche Verträge

29. Der Bund besitzt eine umfassende Kompetenz zum Abschluss völkerrechtlicher Verträge (BV 54), und zwar sowohl in seinem eigenen Zuständigkeitsbereich als auch in demjenigen der Kantone. Die Vertragsverhandlungen werden vom Bundesrat eingeleitet. In gewissen Fällen kommt dem Bundesrat eine selbstständige Vertragsabschlusskompetenz zu (im Einzelnen RVOG 7a), ansonsten bedürfen völkerrechtliche Verträge der Genehmigung durch die Bundesversammlung.

30. Beim Referendum sind die folgenden beiden Arten zu unterscheiden:
    - Dem obligatorischen Referendum unterliegen völkerrechtliche Verträge, die den Beitritt zu Organisationen für kollektive Sicherheit oder zu supranationalen Gemeinschaften vorsehen (BV 140 Abs. 1 Bst. b), mithin der UNO oder der NATO. Weil das Referendum wie bei Verfassungsänderungen zwingend ist, ist nicht nur ein Volks-, sondern auch ein Ständemehr notwendig.
    - Dem fakultativen Referendum unterliegen nach BV 141 Abs. 1 Bst. d Staatsverträge, die unbefristet und unkündbar sind, wie beispielsweise die UNO-Pakte I und II. Das Referendum kann auch bei völkerrechtlichen Verträgen ergriffen werden, die den Beitritt zu einer internationalen Organisation (z.B. Internationaler Währungsfonds) vorsehen, ebenso bei Staatsverträgen, die wichtige rechtsetzende Bestimmungen enthalten oder deren Umsetzung den Erlass von Bundesgesetzen erfordert.

31. Nach RVOG 7b kann der Bundesrat – wenn die Bundesversammlung für die Genehmigung eines völkerrechtlichen Vertrags zuständig ist – die vorläufige Anwendung beschliessen oder vereinbaren, wenn die Wahrung wichtiger Interessen der Schweiz und eine besondere Dringlichkeit es gebieten. Der Bundesrat muss dabei vorgängig die zuständigen Kommissionen konsultieren (ParlG 152 Abs. 3bis).

    Nachdem der Bundesrat im Jahr 2010 den UBS-Staatsvertrag mit den USA gegen den Willen der Parlamentskommissionen vorläufig angewendet hat, sollten die genannten Voraussetzungen dahingehend revidiert werden, dass die vorläufige Anwendung völkerrechtlicher Verträge künftig nur mit *Zustimmung* der zuständigen Kommissionen beider Räte zulässig ist (vgl. die Botschaft vom 4. Juli 2012 zum Bundesgesetz über die Kompetenz zum Abschluss völkerrechtlicher Verträge von beschränkter Tragweite und über die vorläufige Anwendung völkerrechtlicher Verträge, BBl 2012 7465). Das Parlament hat sich allerdings gegen eine Änderung der bisherigen Praxis ausgesprochen, womit es bei der eingangs erwähnten Regelung bleibt.

32. Den Kantonen kommt gemäss BV 56 eine subsidiäre Kompetenz zum Abschluss völkerrechtlicher Verträge zu. Sie können diese im eigenen Zuständigkeitsbereich nur abschliessen, wenn kein Widerspruch zu Rechten oder Interessen des Bundes oder anderer Kantone vorliegt.

33. Mit der Unterzeichnung einigen sich die Vertragsparteien über den Inhalt der Vereinbarung. Es kann aber vorbehalten werden, dass der Vertrag erst durch die Ratifikation bindend wird (vgl. VRK 14). Mit der Ratifikation erklärt ein Staat verbindlich, den völkerrechtlichen Vertrag anzuwenden. Dafür werden zwischen den Staaten meist die Ratifikationsurkunden ausgetauscht. Die Unterzeichnung eines völkerrechtlichen Vertrags ist damit immer notwendig, die Ratifikation dagegen nur, wenn dies der Vertrag explizit so vorsieht oder sich ein Ratifikationsvorbehalt aus den Umständen ergibt.

34. Das Völkerrecht geht vom Grundsatz der Gleichrangigkeit und Souveränität der Staaten aus, die ihre völkerrechtlichen Verpflichtungen zu beachten und das Völkerrecht auch selbst durchzusetzen haben. Wenn eine andauernde Streitigkeit geeignet ist, die Wahrung des Weltfriedens und der internationalen Sicherheit zu gefährden, müssen sich die Parteien zunächst um eine Beilegung bemühen, sei dies durch Verhandlung, Untersuchung, Vermittlung, Vergleich, Schiedsspruch, gerichtliche Entscheidung, Inanspruch-

nahme regionaler Einrichtungen oder Abmachungen oder durch andere friedliche Mittel eigener Wahl (UNO-Charta 33 Abs. 1).

Die richterliche Streitbeilegung erfolgt mittels Schiedsgerichten oder internationalen Gerichten wie dem Internationalen Gerichtshof, da keine dem innerstaatlichen Rechtsdurchsetzungsapparat analoge Einrichtung besteht.

Gegen den Willen des betroffenen Staates können Zwangsmassnahmen ergriffen werden. Solche werden entweder durch andere Staaten oder zentral durch überstaatliche Organe angewendet. Die Zwangsmassnahmen des UNO-Sicherheitsrats sind in UNO-Charta 39–51 geregelt.

Übungsfall 1: Aufwertung des Frankens

Um das ordentliche Gesetzgebungsverfahren zu umgehen, das aufgrund des Referendums zu lange dauern würde, kann von der Mehrheit der Mitglieder jedes Rats ein Bundesgesetz für dringlich erklärt und sofort in Kraft gesetzt werden. Dies ist unter der Voraussetzung zulässig, dass sachliche und zeitliche Dringlichkeit besteht, das Inkrafttreten des Gesetzes mithin keinen Aufschub duldet (vgl. BV 165 Abs. 1 Satz 1).

Das Bundesgesetz über Massnahmen zur Abfederung der Frankenstärke erscheint in sachlicher Hinsicht dringlich, da es um Massnahmen zur Erhaltung der Entwicklungsfähigkeit der schweizerischen Volkswirtschaft geht. Auch die Voraussetzung der zeitlichen Dringlichkeit ist gegeben. Würde man das ordentliche Gesetzgebungsverfahren beschreiten, könnten die vorgeschlagenen Massnahmen kaum je rechtzeitig greifen.

Da das Gesetz eine Grundlage in der Verfassung hat, ist es dem fakultativen Referendum zu unterstellen, sofern die Geltungsdauer ein Jahr übersteigt (BV 141 Abs. 1 Bst. b). Im Übrigen ist das Gesetz zu befristen (BV 165 Abs. 1 Satz 2).

Falls das Referendum ergriffen wird, tritt das Bundesgesetz zur Abfederung der Frankenstärke ein Jahr nach Annahme durch die Bundesversammlung ausser Kraft, wenn es nicht innerhalb dieser Frist vom Volk angenommen wird (vgl. BV 165 Abs. 2).

Übungsfall 2: Verordnungsarten

a) Unselbstständige Regierungsverordnung;
b) Übergangsverordnung;
c) Verwaltungsverordnung (sie richtet sich im Gegensatz zu einer Rechtsverordnung nicht an Private, sondern im Sinn einer generellen Dienstanweisung an die untergeordneten Behörden);
d) unselbstständige Parlamentsverordnung gestützt auf BGG 1 Abs. 5.

Übungsfall 3: Rückwirkende Volksinitiativen

Ja, die Verfassung sieht als Gültigkeitsvoraussetzung für Volksinitiativen nur die Einhaltung der zwingenden Bestimmungen des Völkerrechts vor. Diese sind hier offensichtlich nicht betroffen. Als ungeschriebene Voraussetzung wird vom Parlament sodann die faktische Durchführbarkeit geprüft. Auch diese ist hier erfüllt. Weitere Voraussetzungen, insbesondere auch ein Rückwirkungsverbot, wurden zwar von der Lehre immer wieder postuliert, sind jedoch nicht im Verfassungstext enthalten. Das Parlament hat denn auch Volksinitiativen mit rückwirkenden Bestimmungen stets für gültig erklärt. Die Volksinitiative zur Verhinderung des Waffenplatzes Neuchlen-Anschwilen muss deshalb zur Abstimmung gebracht werden.

Übungsfall 4: Kraftwerksgebühren

Bei den Gebühren für die Aufsicht über die Grenzkraftwerke und für den Verwaltungsaufwand handelt es sich um Abgaben. Nach BV 164 Abs. 1 Bst. d muss der Kreis der Abgabepflichtigen, Gegenstand und Bemessungsgrundlage der Abgabe in der Form des Bundesgesetzes geregelt sein. (Der Bund handelte im vorliegenden Fall korrekt, indem er die genannten Gebühren in Art. 52a des Wasserrechtsgesetzes [SR 721.80] verankerte.)

Übungsfall 5: Pflege der internationalen Beziehungen

Die Bundesversammlung ist Verordnungsgeber, und die Kompetenzgrundlage findet sich in einem Gesetz, womit es sich um eine unselbstständige Parlamentsverordnung handelt.

Übungsfall 6: Numerus clausus

Clara könnte die Verletzung des Gewaltenteilungsprinzips rügen.

Zwar sind die ersten drei Voraussetzungen der Gesetzesdelegation an die Regierung gegeben (kein Ausschluss durch die Verfassung, Beschränkung der Delegation auf eine bestimmte Materie sowie Regelung der Delegation im Gesetz selbst). Dagegen regelt § 8 Abs. 3 weder die Art der Massnahme noch deren Zielsetzung. Damit fehlt es an der vierten Voraussetzung für die Delegation von Rechtsetzungsbefugnissen, nämlich der Regelung der Grundzüge der Zulassungsbeschränkung im Gesetz im formellen Sinn. Der Regierungsrat konnte sich folglich beim Erlass von Art. 4bis Abs. 1 seiner Verordnung nicht auf die genannte Bestimmung stützen, weshalb die entsprechende Verordnungsbestimmung nicht angewandt werden darf (vgl. BGE 103 Ia 394 E. 3).

Übungsfall 7: Vorbehalt zum UNO-Pakt II

Bei der Unterzeichnung, Ratifikation, Annahme oder Genehmigung multilateraler Verträge ist aufgrund von VRK 19 das Anbringen von Vorbehalten grundsätzlich zulässig. Eine Ausnahme besteht dann,

- wenn der entsprechende Vertrag selbst Vorbehalte ganz oder teilweise verbietet oder
- im Fall des Schweigens des Vertrags der Vorbehalt entweder mit dem Gegenstand oder dem Zweck des Vertrags unvereinbar ist.

Der UNO-Pakt II enthält im Gegensatz zu anderen Menschenrechtspakten wie der EMRK keine eigenen Bestimmungen über die Zulässigkeit von Vorbehalten. Massgebend ist demnach hier allein, ob der Schweizer Vorbehalt mit Gegenstand und Zweck des Pakts vereinbar ist (vgl. demgegenüber den Fall Belilos auf S. 43, wo eine explizite Bestimmung in der Konvention selbst zu beurteilen war).

Gemäss der Allgemeinen Bemerkung Nr. 24 des Menschenrechtsausschusses besteht das Ziel des Pakts darin, rechtlich verbindliche und für die Staaten verpflichtende Menschenrechtsstandards festzulegen und diese einem wirksamen Überwachungsmechanismus zu unterstellen. Dieser Zweck wird durch den Schweizer Vorbehalt nicht beeinträchtigt. Mit diesem soll im Wesentlichen vielmehr eine spezifische Institution, nämlich die Landsgemeinde, aufrecht erhalten werden. Im Gegensatz etwa zu einem Vorbehalt zur allgemeinen Verpflichtung, die im Pakt garantierten Rechte zu achten (UNO-Pakt II 2 Abs. 1), zielt der Vorbehalt somit auf eine spezifische Garantie, und auch diese wird nicht generell wegbedungen, sondern bloss im Hinblick auf eine historisch gewachsene und insofern besondere Institution eingeschränkt.

Unzulässig sind nach der Praxis des Ausschusses sodann Vorbehalte, die mit Völkergewohnheitsrecht kollidieren (vgl. Ziff. 3.1.8 des Entwurfs zu Richtlinien über die Vorbehalte zu Verträgen, UN Doc A/62/10). Dafür, dass das Recht auf geheime Wahlen universell völkergewohnheitsrechtlichen Charakter erlangt hätte, bestehen jedoch im gegenwärtigen Zeitpunkt noch keine zuverlässigen Anhaltspunkte.

Der Vorbehalt ist nach dem Gesagten zulässig.

D. Lösungen zum 4. Teil: Bundesbehörden

Grundprinzipien der Bundesbehörden

1. Die obersten drei Bundesbehörden sind
   - die Bundesversammlung, die als Legislative primär für die Rechtsetzung zuständig ist (BV 163–165);
   - der Bundesrat, der als Exekutive in erster Linie für die Regierung und Verwaltung (d.h. die Leitung der Bundesverwaltung) verantwortlich ist (BV 174);
   - das Bundesgericht, das als Judikative die oberste rechtsprechende Behörde des Bundes darstellt (BV 188).

2. Die Schweiz hat einen dreistufigen Staatsaufbau (Bund, Kantone und Gemeinden), wobei Bund und Kantone eine Aufteilung von exekutiven, legislativen und richterlichen Funktionen kennen und die Gemeinden eine Zweiteilung in Exekutive und Legislative.

3. Die Machtstellung der Bundesbehörden wird durch drei miteinander zusammenhängende Prinzipien begrenzt:
   - Das Gewaltenteilungsprinzip soll die Machtansammlung bei einem Staatsorgan verhindern (im Einzelnen Frage 4).
   - Der Grundsatz der Verantwortlichkeit bezweckt als Teil des Gewaltenteilungsprinzips die Kontrolle staatlicher Herrschaft, indem die Behörden für die Folgen ihres Verhaltens einstehen müssen. Dazu gehört insbesondere die rechtliche und politische Verantwortlichkeit der

Behörden einschliesslich der Möglichkeit ihrer Nichtwiederwahl (für den Nationalrat: BV 149). Verantwortlichkeit wird sodann zu einem beträchtlichen Teil auch über die demokratischen Mitwirkungsrechte in BV 138 ff. hergestellt (im Einzelnen hinten Frage 10).
- Das Öffentlichkeitsprinzip soll nachvollziehbares und transparentes Handeln staatlicher Behörden gewährleisten.

4. Das Gewaltenteilungsprinzip beinhaltet folgende Ausprägungen:
   - Organisatorisch: Die Stammfunktionen von Rechtsetzung, Rechtsprechung und Verwaltung werden drei verschiedenen, voneinander unabhängigen Organen zugewiesen.
   - Personell: Niemand darf gleichzeitig Mitglied verschiedener oberster Behörden derselben staatlichen Ebene sein.
   - Gewaltenhemmung: Die Behörden beschränken ihre Macht gegenseitig («checks and balances»).

5. Das Schweizer Volk ist die oberste politische Instanz. Dies kommt unter anderem in BV 148 zum Ausdruck, wonach die Bundesversammlung bloss «unter Vorbehalt der Rechte von Volk und Ständen» die oberste Gewalt im Bund ausübt. Die Rechte, die in dieser Bestimmung vorbehalten werden, sind in erster Linie die direktdemokratischen Mitwirkungsrechte, mithin das Initiativ- und Referendumsrecht. Die Stimmberechtigten nehmen ihren Einfluss auf Bundesebene sodann durch die periodische direkte Wahl der Bundesparlamentarier wahr (für den Nationalrat explizit BV 149 Abs. 2).

6. Das Gewaltenteilungsprinzip wird in seiner organisatorischen Ausprägung nicht in einer einzelnen Bestimmung geregelt. Es erschliesst sich vielmehr aus dem Zusammenspiel von BV 163–165, BV 174 und BV 188. Diese Normen verteilen die drei Stammfunktionen Legislative, Exekutive und Judikative auf die drei obersten Bundesbehörden Bundesversammlung, Bundesrat und Bundesgericht (vgl. vorne Frage 1).

7. Im Grundsatz ist die Bundesversammlung für die Rechtsetzung, der Bundesrat für die Rechtsanwendung zuständig. In der Praxis lässt sich eine strikte Zweiteilung nicht verwirklichen:
   - Der Bundesrat (bzw. die ihm unterstellte Bundesverwaltung) ist am Entwurf von Gesetzen massgeblich beteiligt; der Bundesrat kann sodann Verordnungen erlassen (BV 182 Abs. 1), die inzwischen einen grossen Anteil der Erlasse auf Bundesebene ausmachen.

- Aufgaben der Rechtsanwendung, die politisch als besonders wichtig oder heikel angesehen werden, wurden der Bundesversammlung zugewiesen, so die Gewährleistung der Kantonsverfassungen (BV 172 Abs. 2) oder der Entscheid über die Gültigkeit von Volksinitiativen (BV 173 Abs. 1 Bst. f).

8. Das Prinzip der personellen Gewaltentrennung gilt in der Schweiz nur für Staatsorgane auf derselben Ebene, also jene des Bundes, des jeweiligen Kantons oder der betreffenden Gemeinde. Eine Ausnahme gilt nur dann, wenn eine gegenteilige gesetzliche Bestimmung besteht. Das Bundesrecht verbietet Nationalräten nicht die gleichzeitige Mitgliedschaft in einer kantonalen oder kommunalen Regierung. Auch das Recht der Stadt Bern enthält keine Bestimmung, wonach ein Mitglied der Stadtregierung (des Gemeinderats) nicht gleichzeitig dem Nationalrat angehören darf. Der Vorwurf gegenüber dem Stadtpräsidenten ist damit unberechtigt.

9. Das Parlament verfügt über bedeutende Kontrollrechte gegenüber dem Bundesrat, so die Oberaufsicht über den Bundesrat (BV 169 Abs. 1) sowie die Möglichkeit, seine Mitglieder nicht wiederzuwählen (BV 168 Abs. 1). Es kann der Regierung zudem Aufträge erteilen (BV 171). Andererseits kommen dem Bundesrat gegenüber dem Parlament keine rechtlichen Kontrollbefugnisse zu. Er hat jedoch die Möglichkeit, der Bundesversammlung Entwürfe zu ihren Erlassen zu unterbreiten (Initiativrecht, BV 181). Der Bundesversammlung kommt damit ein Vorrang zu; in der Praxis verfügt der Bundesrat dennoch über ein starkes Gewicht.

10. Es gibt folgende Arten der Verantwortlichkeit:
    - politisch, z.B. Verweigerung der Wiederwahl, Abberufung, öffentliche Rüge;
    - strafrechtlich, d.h. die Strafverfolgung wegen Sonderdelikten wie der Bestechlichkeit, des Amtsmissbrauchs oder der Amtsgeheimnisverletzung;
    - vermögensrechtlich, wobei sich allfällige Haftungsansprüche in der Regel gegen den Staat und nicht gegen einzelne Behördenmitglieder richten (sogenannte Staatshaftung). Im Fall von grobfahrlässigem Handeln besteht die Möglichkeit des Regresses auf das betreffende Behördenmitglied.

Behörden können sodann durch die Anfechtung ihrer Entscheide für ihr Handeln verantwortlich gemacht werden; ihre Mitglieder müssen dann in verwaltungsgerichtlichen Verfahren für ihr Handeln Rechenschaft ablegen.

11. Die Mitglieder der europäischen Parlamente sollen vor unsachlicher oder willkürlicher Strafverfolgung geschützt werden. Die Immunität dient der Funktionsfähigkeit der nationalen Parlamente, die ansonsten grundlos lahmgelegt werden könnten. Die Immunität gründet somit auf dem öffentlichen Interesse an der Freiheit der parlamentarischen Arbeit und des ungehinderten demokratischen Entscheidungsprozesses.

12. Den Mitgliedern der Bundesversammlung, des Bundesrats und dem Bundeskanzler kommt die absolute Immunität zu für ihre Äusserungen im National- und Ständerat sowie deren Organen, mithin den Ratsbüros, Kommissionen usw. Dieses sogenannte «Wortprivileg» bedeutet, dass Parlamentarier und Bundesräte für ihre Äusserungen weder straf- noch zivilrechtlich zur Verantwortung gezogen werden können. Auf die absolute Immunität kann weder verzichtet noch kann sie aufgehoben werden. Nicht auf die absolute Redefreiheit berufen können sich die Mitglieder des Bundesgerichts. Das ist aber auch nicht notwendig, da Bundesrichter nur in Ausnahmefällen zu Hearings parlamentarischer Kommissionen eingeladen werden.

13. Gemäss BV 162 Abs. 1 sind Äusserungen der Mitglieder der Bundesversammlung und des Bundesrats in den Räten und in deren Organen rechtlich geschützt. Darunter fällt jede Wissens- und Willenskundgebung, mithin Reden, Bemerkungen, schriftliche Erklärungen, aber auch Zwischenrufe und konkludentes Handeln wie das Abstimmen oder die Stimmenthaltung. Durch solche Äusserungen begangene Delikte, wie z.B. Ehrverletzung, Beschimpfung, Amtsgeheimnisverletzung, Rassendiskriminierung, dürfen weder zivil- noch strafrechtlich verfolgt werden, unabhängig davon ob sie im Zusammenhang mit der amtlichen Stellung erfolgten oder nicht. Es liegt ein Strafausschliessungsgrund bzw. ein Haftungsausschluss vor.

14. Für die Behandlung eines Immunitätsaufhebungsgesuchs sind die Immunitätskommission des Nationalrats und die Rechtskommission des Ständerats zuständig. Aufgrund von ParlG 17 Abs. 1 und VG 14 Abs. 1 müssen sie dabei zweistufig vorgehen:
    - In einem ersten Schritt hat die Kommission zu prüfen, ob die Handlung überhaupt unter die relative Immunität fällt; dafür bedarf es eines

unmittelbaren Zusammenhangs zwischen der amtlichen Stellung und der fraglichen Tätigkeit.

- Liegt ein unmittelbarer Zusammenhang vor, ist in einem zweiten Schritt über die Aufhebung der Immunität zu befinden. Dabei wird zunächst im Rahmen einer kursorischen Beurteilung geprüft, ob überhaupt ein Straftatbestand erfüllt sein könnte. Ist dies der Fall, darf die zuständige Kommission die Immunität nur dann aufheben, wenn das öffentliche Interesse an der Strafverfolgung dasjenige an der ungehinderten Ausübung des parlamentarischen Mandats überwiegt.

15. Das Prinzip der Öffentlichkeit soll das Handeln der Behörden für Aussenstehende nachvollziehbar machen, damit die Informationsvorsprünge der Behörde vermindert werden. Dazu müssen die Behörden einerseits die Öffentlichkeit über Vorhaben von allgemeinem Interesse informieren (vgl. z.B. BV 180 Abs. 2), und die Privaten haben andererseits grundsätzlich das Recht auf Zugang zu den Informationen.

16. Die wichtigste Aufgabe der Parteien ist auf Bundesebene die Bildung des Parlaments sowie die Vorbereitung der Wahlen in Bundesrat und Bundesgericht, während die Verbände versuchen, Einfluss auf staatliche Entscheidungen zu nehmen.

17. Die politischen Parteien sind zwar in der Bundesverfassung genannt (BV 137 BV), werden aber vom Bund nicht finanziell unterstützt. Sie finanzieren sich neben Spenden hauptsächlich über Mitgliederbeiträge. Nebst den von allen Mitgliedern zu bezahlenden Parteibeiträgen haben Parteimitglieder, die ein öffentliches Amt besetzen, das sie mit Unterstützung der Partei erhalten haben, eine Mandats- bzw. Parteisteuer zu entrichten.

Wenn ein Mitglied einer Regierung oder eines Parlaments einen Teil seiner Entlöhnung der Partei abliefern muss, ist dies verfassungsrechtlich unbedenklich. Problematisch sind Parteisteuern jedoch dann, wenn sie zur Bedingung für die Kandidatur eines Richteramts werden. Dadurch entsteht in der Öffentlichkeit der Eindruck, der Richter habe sein Amt allein seiner Partei zu verdanken und zeige sich ihr durch Entrichtung des jährlichen Obolus weiterhin erkenntlich.

Bundesversammlung

18. Die Bundesversammlung besteht aus den beiden einander gleichgestellten Kammern National- und Ständerat. Diese halten grundsätzlich getrennte Beratungen ab (BV 156 Abs. 1), auch wenn die Sessionen gleichzeitig stattfinden. Ein Parlamentsbeschluss kommt aber nur mit der Zustimmung beider Kammern zustande. BV 157 sieht Fälle vor, bei denen die Räte ausnahmsweise gemeinsam als Vereinigte Bundesversammlung verhandeln.

19. Das Zweikammersystem beruht auf dem Strukturprinzip der Bundesstaatlichkeit. Der Nationalrat steht für das Stimmvolk, der Ständerat für die Kantone, und zwar je in ihrer Gesamtheit. Die Mitglieder des Ständerats sind mithin nicht oder jedenfalls nicht primär den Interessen ihres Kantons verpflichtet, da die Räte ohne Instruktionen stimmen. Die Institution des Ständerats stellt mit der gleichberechtigten Vertretung aller Kantone (zwei Abgeordnete pro Vollkanton) aber sicher, dass die Gesetzgebung dem föderalistischen Gedanken gebührend Rechnung trägt. Dem Zweikammersystem kommt sodann auch eine gewaltenteilige Funktion innerhalb der Legislative zu.

20. In der Theorie des Milizsystems üben Parlamentarier ihr Mandat neben ihrem Hauptberuf aus. Damit soll berufliches Wissen in das politische Amt eingebracht werden. Allerdings kann dies auch zu Interessenskollisionen und Überbelastungen führen. In der Praxis nähern sich National- und Ständerat immer mehr einem Berufsparlament an, da die Arbeitsbelastung der Abgeordneten stetig ansteigt und sie ihren Beruf somit bloss noch neben ihrem Mandat ausüben.

21. Gemäss BV 149 Abs. 2 werden die Nationalratsmitglieder vom Volk in direkter Wahl im Proporzverfahren gewählt. Bei der Proporzwahl werden die zu vergebenden Sitze auf die Listen im Verhältnis der für sie abgegebenen Stimmen verteilt. Problematisch ist dabei, dass in kleineren Kantonen (mit weniger als neun Sitzen) mehr als 10 Prozent der Stimmen für einen Sitz benötigt werden, die übrigen Stimmen bleiben unbeachtet.

    In Kantonen, die nur einen Nationalratssitz haben, werden die Vertreter nach dem Majorzsystem gewählt, d.h., gewählt ist, wer am meisten Stimmen erhält (relatives Mehr).

22. Die 200 Nationalratssitze werden aufgrund der Einwohnerzahl auf die Kantone aufgeteilt. Dabei bildet jeder Kanton einen Wahlkreis. Bei der

heutigen Wohnbevölkerung von rund 8 Millionen entfällt auf je 40'000 Einwohnerinnen und Einwohner ein Sitz. Die St. Galler Stimmberechtigten können also beispielsweise zwölf Nationalräte wählen, die Berner 25. Würde man nun diesen Grundsatz absolut verwirklichen, hiesse dies, dass Kantone mit weniger als 40'000 Einwohnern leer ausgingen. Um dies zu verhindern, garantiert BV 149 Abs. 4 Satz 2 jedem Kanton mindestens einen Sitz. Auf diese Weise können Appenzell-Innerrhoden, Obwalden, Uri und Glarus auch einen Nationalrat wählen.

23. Das Wahlverfahren des Ständerats wird durch das kantonale Recht geregelt (BV 150 Abs. 3). Sämtliche Kantone sehen eine direkte Wahl durch die Stimmberechtigten und – mit Ausnahme von Jura und Neuenburg – das Majorzverfahren vor. Das Bundesrecht lässt allerdings beträchtliche Spielräume offen, weshalb die Kantone auch eine Wahl der Ständeräte durch das Kantonsparlament oder das passive Wahlrecht von Ausländern einführen könnten (vgl. den Wortlaut von BV 143).

24. Das Parlament übt die oberste Gewalt im Bund aus und vertritt dabei die Rechte des Volkes und der Kantone. Seine Stammfunktion als Legislative ist die Rechtsetzung. Zudem wählt die Bundesversammlung andere Bundesorgane. Als oberstes Organ des Bundes bestimmt die Bundesversammlung die Grundzüge und den Rahmen der Tätigkeit des Bundesrats und übt die Oberaufsicht über diese Tätigkeit des Bundesrats sowie der Bundesverwaltung, der eidgenössischen Gerichte und der anderen Aufgabenträger des Bundes aus.

25. Die Bundesversammlung informiert sich über die Tätigkeiten der Exekutive mit parlamentarischen Instrumenten sowie durch die Behandlung des jährlichen Geschäftsberichts des Bundesrats und des Berichts über die Legislaturplanung alle vier Jahre. Zudem überprüfen die Geschäftsprüfungskommissionen beider Räte die Tätigkeit von Bundesrat und Bundesverwaltung laufend. Mit der parlamentarischen Untersuchungskommission können Vorkommnisse von grosser Tragweite geklärt werden, wie beispielsweise die Probleme der Pensionskasse des Bundes in den Bereichen Führung, Organisation, Informatik und Finanzen.

26. Die Mitglieder der Bundesversammlung können durch *Anfragen* und *Interpellationen* Auskunft beim Bundesrat über wichtige innen- oder aussenpolitische Ereignisse und Angelegenheiten einholen. Zudem können die Parlamentarier aufgrund von BV 171 mit einer *Motion* bzw. einem *Postulat* den Bundesrat beauftragen, einen Erlassentwurf vorzulegen oder eine Mass-

nahme zu treffen bzw. eine solche zu prüfen und darüber zu berichten (vgl. ParlG 118 sowie Teil 3, Fragen 21 und 22).

Zu hängigen Beratungsgegenständen können die Parlamentarier aufgrund von BV 160 *Anträge* einreichen (ParlG 76), und mit der *parlamentarischen Initiative* können sie einen Entwurf zu einem Erlass oder Grundzüge eines solchen Erlasses vorschlagen (ParlG 107).

27. Aufgrund einer parlamentarischen Initiative eines Ratsmitglieds bzw. einer Fraktion oder durch eine Kommissionsinitiative kann die Bundesversammlung beauftragt werden, eine parlamentarische Untersuchungskommission einzusetzen (vgl. ParlG 163). Nach Anhörung des Bundesrats erfolgt die Einsetzung der PUK in der Form eines einfachen Bundesbeschlusses, dem National- und Ständerat zustimmen müssen. Die PUK wird aus jeweils gleich vielen Mitgliedern beider Räte zusammengesetzt. Die Mitglieder der Kommission werden vom jeweiligen Büro gewählt und das Präsidium von der Koordinationskonferenz.

28. Die Vereinigte Bundesversammlung hat aufgrund von BV 157 folgende Aufgaben:
    - Wahl des Bundesrats und der Mitglieder des Bundesgerichts;
    - Entscheid über Zuständigkeitskonflikte zwischen den obersten Bundesbehörden;
    - Begnadigungen.

29. Die Mitglieder der Bundesversammlung können Fraktionen bilden (BV 154). Dafür müssen aus einem der beiden Räte mindestens fünf Mitglieder beitreten. Fraktionen setzen sich aus Mitgliedern derselben oder einander nahestehender Parteien zusammen. Die Fraktionen sind Organe der Bundesversammlung und bereiten die Sitzungen vor.

Bundesrat und Bundesverwaltung

30. Der Bundesrat ist einerseits nach dem Kollegialprinzip aufgebaut. Er setzt sich aus einander gleichgestellten Kollegiumsmitgliedern zusammen, der Bundespräsident ist blosser «primus inter pares», und die Entscheide des Bundesrats ergehen stets als Beschlüsse des Kollegiums (BV 177 Abs. 1, RVOG 12). Auf der anderen Seite gilt das Departementalprinzip, wonach den Departementen und den ihnen unterstellten Ämtern Geschäfte zur selbstständigen Erledigung übertragen werden (BV 177 Abs. 3).

31. Der Bundesrat ist die oberste leitende und vollziehende Behörde des Bundes (BV 174). Ihm kommen aussen- und innenpolitische Regierungskompetenzen zu. Er hat für den Vollzug des Bundesrechts zu sorgen und hat die Aufsicht über die Kantone inne.

32. Die *Regierungskompetenz* (Staatsleitung) bedeutet insbesondere, dass der Bundesrat den Bund nach innen und aussen vertritt und die Ziele und die Mittel seiner Regierungspolitik bestimmt (BV 180 Abs. 1). Zudem erlässt der Bundesrat rechtsetzende Bestimmungen in der Form der Verordnung und schliesst Staatsverträge mit dem Ausland ab (BV 182 Abs. 1 und 184 Abs. 2). Dem Bundesrat kommt auch die Leitung der Bundesverwaltung zu.

    Die *Vollziehungskompetenz* beinhaltet den Vollzug von Bundesrecht und von Urteilen des Bundesgerichts.

33. Der zentrale Unterschied zwischen einem parlamentarischen und einem präsidentiellen Regierungssystem liegt im Verhältnis von Legislative und Exekutive. Während in präsidentiellen Systemen wie den USA oder zahlreichen lateinamerikanischen Staaten die Regierung vom Parlament unabhängig ist, da sie nicht von ihm abgewählt werden kann, wird der Regierungschef in einem parlamentarischen System wie Grossbritannien, Deutschland oder Italien von der Parlamentsmehrheit bestimmt. Damit kann allein die Opposition oder eine zweite Kammer wie das Oberhaus eine effektive Kontrollfunktion ausüben.

    Die Stabilität der Regierung spiegelt die verschiedenen Systeme wider. In präsidentiellen Regierungssystemen bleibt die Regierung auch im Amt, wenn sie keine Mehrheit im Parlament hat. In parlamentarischen Systemen kann die Regierung demgegenüber in aller Regel nur dann an der Macht bleiben, wenn sie im Parlament über genügend Anhänger verfügt.

34. Die Mitglieder des Bundesrats werden im Majorzwahlverfahren von der Vereinigten Bundesversammlung gewählt, und zwar ein Bundesratsmitglied nach dem anderen (BV 175). Die Wahl erfolgt geheim. In den ersten beiden Wahlgängen können alle wählbaren Personen Stimmen erhalten, danach werden keine weiteren Kandidaten mehr zugelassen (im Einzelnen ParlG 132–134). Wenn niemand das absolute Mehr erreicht, scheidet die Person mit der geringsten Stimmenzahl vor dem nächsten Wahlgang aus, bis eine Person das absolute Mehr erreicht hat und damit gewählt ist.

35. Ein Bundesrat darf weder Mitglied des Nationalrats, des Ständerats oder des Bundesgerichts sein noch ein anderes Amt des Bundes oder eines

Kantons bekleiden oder eine andere Erwerbstätigkeit ausüben (BV 144 Abs. 1 und 2). Gesetzliche Unvereinbarkeitsgründe gemäss BV 143 Abs. 3 finden sich zudem in RVOG 60 (berufliche Unvereinbarkeiten) und RVOG 61 (Unvereinbarkeiten in der Person).

36. Die Mitglieder des Bundesrats werden für die Dauer von vier Jahren gewählt (BV 175 Abs. 3). Während dieser festen Amtsdauer können sie nicht abgewählt werden. Danach ist eine Nichtwiederwahl möglich, blieb in der Geschichte bislang allerdings die Ausnahme (1854, 1872, 2003 und 2007).

37. Mit der Zauberformel wird die parteipolitische Zusammensetzung des Bundesrats bezeichnet. Aufgrund des Konkordanzprinzips sollen die grössten Parteien permanent in der Landesregierung vertreten sein. Von 1959 bis 2003 standen SP, CVP und FDP je zwei Sitze, der SVP ein Sitz zu. Danach wurde die Zauberformel durch die Abwahl von Ruth Metzler zugunsten der SVP und zulasten der CVP geändert. Seit 2007 gilt die Formel 2 SP, 2 FDP, 1 CVP, 1 SVP und 1 BDP. Aufgrund der schwindenden Vertretung der FDP und des Stimmenzuwachses der Grünen sowie der Grünliberalen dürfte sich die Zauberformel über die Jahre weiter verändern.

38. An der Spitze der Bundesverwaltung steht der Gesamtbundesrat. Die zentrale Bundesverwaltung ist in sieben Departemente und die Bundeskanzlei aufgegliedert. Jedes Departement verfügt über Ämter und ein Generalsekretariat. So besteht z.B. das Eidgenössische Justiz- und Polizeidepartement aus dem Bundesamt für Justiz, dem Bundesamt für Polizei und dem Bundesamt für Migration.

39. Die dezentrale Bundesverwaltung besteht aus vier Kategorien von Verwaltungseinheiten (RVOV 7a):
    - ausserparlamentarische Kommissionen nach RVOG 57a (Bsp. Wettbewerbskommission);
    - organisatorisch verselbstständigte Verwaltungseinheiten ohne Rechtspersönlichkeit (Bsp. ETH);
    - rechtlich verselbstständigte öffentlich-rechtliche Körperschaften und Stiftungen sowie Anstalten, sofern sie nicht überwiegend Dienstleistungen am Markt erbringen (Bsp. FINMA);
    - Aktiengesellschaften, die der Bund kapital- und stimmenmässig beherrscht, sofern sie nicht überwiegend Dienstleistungen am Markt erbringen (Bsp. Skyguide).

Diese Verwaltungseinheiten sind formal einem Departement zugeordnet, weisen aber einen erhöhten Grad an Eigenständigkeit auf. Diesbezüglich besteht eine eingeschränkte Leitungsverantwortung des Bundesrats.

40. Staatliche Aufgaben können unter den folgenden Voraussetzungen an aussenstehende Anstalten, spezialgesetzliche oder privatrechtliche Aktiengesellschaften oder Stiftungen übertragen werden:
    - gesetzliche Grundlage in Form eines Bundesgesetzes (BV 178 Abs. 3);
    - öffentliches Interesse;
    - Gewährleistung der staatlichen Aufsicht (BV 187 Abs. 1 Bst. a und RVOG 8 Abs. 4);
    - genügende Vorkehrungen, dass die ausgelagerte Einheit bei der Erfüllung staatlicher Aufgaben die Grundrechte beachtet (BV 35 Abs. 2).

Bundesgericht

41. Das Bundesgericht gliedert sich in sieben Abteilungen:
    - zwei öffentlich-rechtliche Abteilungen;
    - zwei zivilrechtliche Abteilungen;
    - eine strafrechtliche Abteilung;
    - zwei sozialrechtliche Abteilungen (in Luzern).

    Die Abteilungen des Bundesgerichts entscheiden normalerweise in einer Besetzung von drei Richtern. Wenn sich eine Rechtsfrage von grundsätzlicher Bedeutung stellt oder wenn ein Richter dies beantragt, wirken fünf Richter mit.

    Das Bundesgericht zählt 38 vollamtliche und 19 nebenamtliche Mitglieder.

42. Wählbar ist rein theoretisch jede stimmberechtigte Person (BV 143). In der Praxis werden jedoch nur Personen mit richterlicher oder sonstiger praktischer Erfahrung gewählt. Sie müssen zudem Mitglied oder zumindest Sympathisant einer politischen Partei sein. Die Bewerbung erfolgt auf Ausschreibung hin bei der Gerichtskommission, die ihren Wahlvorschlag der Vereinigten Bundesversammlung unterbreitet.

43. Rechtsprechung ist die verbindliche Entscheidung rechtlicher Auseinandersetzungen durch eine unabhängige und unbeteiligte Behörde. Diese entscheidet in einem justizförmigen Verfahren und ist allein an das Recht ge-

bunden. Demgegenüber ist die erstinstanzliche Festlegung von Rechten und Pflichten blosse Rechtsanwendung, nicht Rechtsprechung.

44. Will eine Abteilung eine Praxis einer anderen Abteilung ändern, müssen sich die betroffenen Abteilungen vereinigen (BGG 23 Abs. 1). Die Vereinigung umfasst alle ordentlichen Richter der betreffenden Abteilungen; zur gültigen Beschlussfassung müssen mindestens zwei Drittel davon anwesend sein. Die Mehrheit der Stimmenden entscheidet auch in den vereinigten Abteilungen.

45. Entscheide des Bundesgerichts können wegen Verletzung von Grundrechten der EMRK mit Individualbeschwerde an den EGMR weitergezogen werden. Bei der Feststellung einer Grundrechtsverletzung durch den EGMR hat das Bundesgericht auf Gesuch hin sein Urteil zu revidieren (BGG 122).

46. Prinzipiell ist das Bundesverwaltungsgericht Vorinstanz des Bundesgerichts, und seine Entscheide können an das Bundesgericht weitergezogen werden. In einigen Rechtsgebieten entscheidet das Bundesverwaltungsgericht allerdings letztinstanzlich, so beim Asylrecht, der internationalen Amtshilfe, bei den Einbürgerungen oder auf dem Gebiet des Militär- und Zivilschutzdiensts (vgl. BGG 83).

47. Die richterliche Unabhängigkeit ist als individualrechtlicher Anspruch in BV 30 Abs. 1 und für das Bundesgericht gesondert in BV 191c verankert. Sie hat folgende Ausprägungen:

    - Funktionell: Andere Bundesbehörden dürfen sich nicht in die richterliche Rechtsfindung einmischen. Eine Urteilskorrektur durch eine nicht-richterliche Behörde ist unzulässig.

    - Organisatorisch: Gerichte müssen als selbstständige Organisationseinheiten ausgestaltet sein und sich selbst verwalten (für das Bundesgericht BV 188 Abs. 3). Die Oberaufsicht der Bundesversammlung über das Bundesgericht muss wegen der richterlichen Unabhängigkeit auf die Überwachung des äusseren Geschäftsgangs beschränkt sein.

    - Personell: Bundesrichter dürfen nicht gleichzeitig National-, Ständeoder Bundesräte sein, und die vollamtlichen Mitglieder des Bundesgerichts dürfen keinem anderen Beruf nachgehen (BV 144). BGG 8 sieht zudem einen Verwandtenausschluss vor.

48. Aufgrund von EMRK 6 Ziff. 1 hat jedermann Anspruch auf ein unabhängiges Gericht. Die Unabhängigkeit eines Gerichts beurteilt sich unter anderem aufgrund der Amtsdauer seiner Mitglieder und dem Schutz vor äusse-

ren Beeinflussungen. Die Wahl auf eine beschränkte Amtsdauer ist mit dem Grundsatz der richterlichen Unabhängigkeit zwar nicht per se unvereinbar. Aufgrund des Erfordernisses der Wiederwahl kann je nach der politischen Wahlpraxis gegen aussen hin aber der Eindruck entstehen, dass Richter um ihr Amt bangen, wenn sie politisch umstrittene Entscheide fällen. Dieser Eindruck wird verstärkt, wenn die Bundesversammlung unbequemen Richtern wegen der Mitwirkung an bestimmten Entscheiden einen sogenannten «Denkzettel» verpasst, sie also mit relativ schlechtem oder gar knappem Resultat wiederwählt. Solche Strafaktionen treten mit der zunehmenden Polarisierung der politischen Verhältnisse häufiger auf.

Aus Sicht der Unabhängigkeit der Gerichte wäre eine einmalige Wahl auf einen bestimmten Zeitraum wie am Europäischen Gerichtshof für Menschenrechte oder in einigen Kantonen sinnvoller. Eine erfolgreiche Beschwerde an den Europäischen Gerichtshof für Menschenrechte steht aber noch aus. Der Betroffene müsste mit Erfolg geltend machen können, dass sich die am Entscheid beteiligten Bundesrichter wegen eines Denkzettels gegenüber einem Kollegen gescheut haben, einen mutigen Entscheid zu fällen, bzw. die Beschwerde aus Angst vor einer Abwahl abgewiesen haben.

Übungsfall 1: Altersgrenze

In den Nationalrat sind gemäss BV 143 alle Stimmberechtigten wählbar. Das bedeutet, dass von der Verfassung zwar eine untere Altersgrenze (mindestens 18 Jahre), jedoch keine obere Altersbeschränkung für die Mitglieder des Nationalrats vorgesehen ist. Damit steht die geplante Gesetzesänderung bereits zum Wortlaut von BV 143 im Widerspruch.

Beschränkungen des passiven Wahlrechts aufgrund des Alters müssen zudem mit dem Rechtsgleichheitsgebot nach BV 8 Abs. 1 vereinbar sein. Differenzierungen bei der Wählbarkeit von Personen aufgrund des Alters sind nur zulässig, wenn dafür ein vernünftiger oder sachlicher Grund vorliegt. Da das Alter an sich für die Eignung als Nationalrat nicht ausschlaggebend ist, sind keine vernünftigen und sachlichen Gründe für eine generelle Altersbeschränkung ersichtlich. Die Idee der Altersgrenze ist damit verfassungswidrig. Wegen des Anwendungsvorrangs von Bundesgesetzen in BV 190 kommt dieser Feststellung allerdings nur beschränkte Bedeutung zu.

Übungsfall 2: Fall Hildebrand

Gegen ein Nationalratsmitglied kann ein Strafverfahren wegen einer strafbaren Handlung, die im Zusammenhang mit der amtlichen Stellung oder Tätigkeit steht, nur mit parlamentarischer Ermächtigung eingeleitet werden (relative Immunität). Der erforderliche Zusammenhang muss unmittelbar sein.

Die Mehrheit der nationalrätlichen Immunitätskommission bejahte einen Zusammenhang zwischen der versuchten Verleitung eines Dritten zur Weiterleitung geheimer Bankdaten und der Eigenschaft von Nationalrat Christoph Blocher als Mitglied der obersten Aufsichtsbehörde. Die Mehrheit der ständerätlichen Rechtskommission sah hingegen den Zusammenhang als nicht gegeben an, da ein einzelnes Ratsmitglied von Gesetzes wegen keine individuelle Oberaufsichtsfunktion habe. Die Rechtskommission des Ständerats hob daher die Immunität für Christoph Blocher auf. Gegen ihn läuft nun ein Strafverfahren wegen des Verdachts der Gehilfenschaft und der versuchten Verleitung zur Verletzung des Bankgeheimnisses (vgl. dazu BGE 140 IV 108 E. 3.3).

Übungsfall 3: Ein Bundespräsident auf Reisen

Gemäss BV 184 Abs. 1 vertritt der Bundesrat die Schweiz nach aussen und unterzeichnet Verträge (BV 184 Abs. 2). Völkerrechtliche Verträge beruhen damit stets auf einer Ermächtigung des Bundesratskollegiums. Dem Bundespräsidenten kommen demgegenüber lediglich Repräsentationsaufgaben zu. Eigenmächtiges Handeln ist damit ausgeschlossen. Ohne Ermächtigung des Gesamtbundesrats hat er seine Kompetenzen überschritten.

An der völkerrechtlichen Verbindlichkeit des Vertrags ändert dies jedoch nichts. Denn gemäss VRK 46 Abs. 1 kann sich die Schweiz nicht darauf berufen, dass die Zustimmung unter Verletzung einer Bestimmung des innerstaatlichen Rechts über die Zuständigkeit zum Abschluss von Verträgen ausgedrückt wurde. Schliesslich lag keine offenkundige Verletzung vor, und es war keine innerstaatliche Rechtsvorschrift von grundlegender Bedeutung betroffen.

Übungsfall 4: Sachverstand beim Tunnelbau

Nach BV 144 Abs. 2 dürfen Bundesratsmitglieder keine andere Erwerbstätigkeit ausüben. Dieses Berufsverbot gilt indes nur während der Ausübung des Amts. Der Wortlaut der Verfassungsvorschrift erstreckt sich nicht auf die Zeit nach

Amtsende. Das Vorgehen von Altbundesrat Leuenberger war von daher gesehen zulässig.

Man kann sich allerdings auf den Standpunkt stellen, dass eine Mandatsübernahme kurz nach Amtsende die Unabhängigkeit der Regierung infrage stellt. Daher wurden zwei parlamentarische Initiativen eingereicht, die zurückgetretenen Bundesräten bei der Mandatsübernahme Schranken auferlegen wollten: Einerseits eine vierjährige Sperrfrist für Nichtregierungsorganisationen, die Subventionen vom Bund erhalten hatten, andererseits eine zweijährige Karenzfrist für die Einsitznahme in Verwaltungsräten oder Leitungsgremien von Unternehmen. Der Ständerat lehnte die entsprechenden Vorstösse aber wiederholt ab.

Übungsfall 5: Premierminister auf grünen Bänken

Der Grundsatz der Gewaltenteilung ist vor dem Hintergrund des jeweiligen Regierungssystems einzuordnen. Grossbritannien hat ein parlamentarisches Regierungssystem. Wer eine Partei führen will, muss dem Unterhaus angehören. Nach den Wahlen wird der Anführer der jeweils siegreichen Partei von der Königin mit der Bildung einer Regierung beauftragt. Der Parteiführer sichert die Ministerämter dabei traditionellerweise Kollegen aus dem Unterhaus zu. Die Regierung ist damit nicht nur von einer Parlamentsmehrheit abhängig, sondern wird regelmässig mit Parlamentariern besetzt. Aus kontinentaleuropäischer Sicht verletzt dies den Grundsatz der personellen Gewaltenteilung.

Eine solche Sichtweise geht freilich darüber hinweg, dass es sich bei der Gewaltenteilung um ein blosses Konzept handelt, das historisch verschiedenste Ausprägungen erfahren hat:

- Der Grundsatz der *organisatorischen* Gewaltenteilung erfährt in Grossbritannien eine ähnliche Ausprägung wie anderswo auch. Die drei hauptsächlichen Staatsfunktionen wurden drei unterschiedlichen Gewalten zugewiesen.

- Ungleich grössere Varianten lassen sich beim Grundsatz der *personellen* Gewaltenteilung ausmachen. So wurde der Grundsatz in den USA überaus streng verwirklicht: Mit Ausnahme des Vizepräsidenten, der gleichzeitig dem Senat vorsitzt, darf niemand einer anderen Gewalt angehören. Eine starke Ausprägung erfuhr der Grundsatz auch in der Schweiz, wo eine personelle Verschränkung auf Bundesebene durch BV 144 Abs. 1 ausgeschlossen wird und die Regierungsmitglieder auch in den Kantonen in aller Regel nicht dem Parlament angehören dürfen. In Grossbritannien kommt der Grundsatz der personellen Gewaltentrennung demgegenüber primär im Verhältnis zu den Gerichten zum Tragen.

- Ungleich stärker ist die Gewaltenteilung demgegenüber im Sinn der *Gewaltenhemmung* ausgeprägt. So hat die Verwaltungsgerichtsbarkeit in Grossbritannien traditionell ein stärkeres Gewicht als auf dem Kontinent, und auch das Oberhaus spielt bei der Kontrolle der Regierung eine gewichtige Rolle.

Die Aussage Ihres Freundes ist nach dem Gesagten von einem starren Modell und dazu von einer kontinental zentrierten Sichtweise geprägt. Aus verfassungsvergleichender Sicht übersieht er zudem, dass sich die Gewalten in England in einer Zeit ausdifferenzierten, als auf dem Kontinent die meisten Staaten noch absolutistisch regiert wurden.

Übungsfall 6: Parteizugehörigkeit von Richtern

Vonlanthen hat aufgrund von BV 30 Abs. 1 Satz 1 BV Anspruch auf Beurteilung seiner Streitsache durch einen unparteiischen und unbefangenen Richter. Sein blosser subjektiver Eindruck ist für die Beurteilung der Befangenheit allerdings nicht relevant. Letztere ist vielmehr nur dann zu bejahen, wenn bei objektiver Betrachtung Anhaltspunkte für den Anschein von Voreingenommenheit vorliegen. Nach der bundesgerichtlichen Rechtsprechung ist die blosse Zugehörigkeit eines Richters zu einer politischen Partei, in der auch einer der Verfahrensbeteiligten Mitglied ist, grundsätzlich kein Ablehnungsgrund. Demzufolge stellt die gemeinsame Parteizugehörigkeit von Hubers Schwiegervater und dem Gerichtspräsidenten keinen Anhaltspunkt für eine Befangenheit dar.

Die Tatsache, dass der Gerichtspräsident Hubers Schwiegervater in einem politischen Wahlkampf öffentlich zur Wahl empfohlen hat, stellt für sich noch kein Verhalten dar, das die Unparteilichkeit in Zweifel zieht. Der zur Wahl empfohlene Ständeratskandidat war nicht selbst Partei des vorinstanzlichen Verfahrens, sondern lediglich der Vater von Hubers Ehefrau. Das Bundesgericht verneinte demzufolge eine Befangenheit (vgl. BGer v. 13. September 2001, 5P.160/2001, E. 2).

Übungsfall 7: Fall Schubarth

Mit seinem Entscheid hat das Bundesgericht einen von der Bundesversammlung gewählten Bundesrichter faktisch abgesetzt. Es gibt jedoch für das Bundesgericht kein formelles Verfahren, um Richter aufgrund von Verfehlungen abzusetzen. Aufgrund der festen Amtsdauer in BV 145 kommt eine Absetzung während laufender Amtszeit nur bei eigentlicher Amtsunfähigkeit infrage.

Das Bundesgericht stützte den Entzug der Rechtsprechungsbefugnisse auf die ihm zustehende Organisationskompetenz (vgl. BBl 2004 5647, 5671). Fraglich ist hier, ob sich dieser Entscheid auf eine gesetzliche Grundlage stützen kann und ob er verhältnismässig ist. Die Selbstverwaltungsbefugnis des Bundesgerichts in BV 188 Abs. 3 stellt keine Grundlage für die definitive Freistellung eines Richters dar. Es ist auch keine andere Rechtsgrundlage für die Massnahme des Bundesgerichts ersichtlich. Zudem stellt der definitive Ausschluss von der Rechtsprechung eine schwere Massnahme dar, die allenfalls durch eine mildere wie z.B. eine zeitlich begrenzte Freistellung hätte ersetzt werden können. Entscheide, wie der vom Bundesgericht getroffene, können sich schliesslich negativ auf die richterliche Unabhängigkeit auswirken. Letztere wird nicht zuletzt dadurch geschützt, dass für die Absetzung eines Richters ein klares Prozedere vorgesehen sein muss, dass die Einhaltung grundlegender Verfahrensrechte garantiert (zum Ganzen BENJAMIN SCHINDLER, Wer wacht über die Wächter des Rechtsstaates?, AJP 2003, 1017, 1021 ff.).

Übungsfall 8: One Child, one Vote

Im Hinblick darauf, dass auch Minderjährige zum Staatsvolk gehören, das in einer Demokratie abstimmen und wählen kann, erscheint der Vorschlag nicht von vorherein abwegig. Denn nach BV 8 Abs. 2 darf niemand wegen seines Alters diskriminiert werden. So kann beispielsweise die Einführung eines Höchstalters für die Ausübung politischer Rechte wie die Wahrnehmung öffentlicher Ämter diskriminierend sein. Dieselbe Problematik stellt sich grundsätzlich auch bei einem Mindestalter. Allerdings kann hier eine Einschränkung gerechtfertigt sein, da sowohl das zivile als auch das bürgerliche Mündigkeitsalter einheitlich bei 18 Jahren angesetzt ist (ZGB 12 und BV 136). Damit können Bürger und Bürgerinnen ab dem gleichen Alter an Entscheidungen der Allgemeinheit mitwirken, wie sie auch als Privatpersonen Entscheide rechtsgültig treffen können. Eine Herabsetzung dieser Altersgrenze ist an sich nicht ausgeschlossen. Ein Stimmrecht ab Geburt scheitert aber daran, dass die Kinder ihr Recht mangels zureichender Urteilsfähigkeit zumindest eine Zeit lang nicht selber ausüben können. Die Ausübung des Stimm- und Wahlrechts durch die Eltern ist indes nicht möglich, da die politischen Rechte nur höchstpersönlich ausgeübt werden können und daher nicht übertragbar sind. Faktisch würde eine treuhänderische Ausübung durch die Eltern auch nur zu einer Vermehrung deren Stimme führen (vgl. dazu YVO HANGARTNER/ANDREAS KLEY, Die demokratischen Rechte in Bund und Kantonen der Schweizerischen Eidgenossenschaft, Zürich 2000, Rz. 58 f.).

Übungsfall 9: Natürliche Quoren

Im vorliegenden Fall liegen die natürlichen Quoren in zehn von elf Gemeinden über zehn Prozent. Gemäss bundesgerichtlicher Rechtsprechung gelten Quoren, welche den Richtwert von zehn Prozent übersteigen, grundsätzlich mit einem Verhältniswahlrecht als nicht vereinbar (BGE 136 I 352 E. 3.5). Ein reines Verhältniswahlrecht würde voraussetzen, dass der Kanton entweder in möglichst grosse und gleiche Wahlkreise mit vielen Sitzen eingeteilt oder der Kanton ohne Unterteilung gar einen Einheitswahlkreis bilden würde.

Die nidwaldische Vorgabe von kleinen Wahlkreisen und die damit einhergehenden hohen natürlichen Quoren verletzen das Gebot der *Stimmkraftgleichheit*, da somit nicht nur Splittergruppen, sondern auch Minderheitsparteien von einem Sitzanspruch ausgeschlossen bleiben. Unterschiedlich grosse Wahlkreise bewirken zudem, dass im Vergleich unter den Wahlkreisen nicht jeder Wählerstimme das gleiche politische Gewicht zukommt. Daher besteht vorliegend auch eine Verletzung des Gebots der *Erfolgswertgleichheit*.

E. Lösungen zum 5. Teil: Grundrechte

Grundlagen

1. Menschenrechte ergeben sich aufgrund internationaler Abkommen wie der EMRK oder dem Völkergewohnheitsrecht, Grundrechte dagegen aufgrund der jeweiligen nationalstaatlichen Verfassung. Die meisten Grundrechte finden ihre Entsprechung bei den internationalen Menschenrechten.

    Grundrechte können in verschiedene Kategorien eingeteilt werden, nämlich Freiheitsrechte, rechtsstaatliche Garantien, Sozialrechte und politische Rechte. Die Freiheitsrechte sind somit eine Untergruppe der Grundrechte und beinhalten die Abwehrrechte des Einzelnen gegen den Staat.

2. Private sind grundsätzlich nicht grundrechtsverpflichtet. Eine Ausnahme gilt dann, wenn sie staatliche Aufgaben wahrnehmen (BV 35 Abs. 2). Letzteres ist stets dann der Fall, wenn Privaten die Erfüllung von Verwaltungsaufgaben übertragen wurde. Dabei sind zwei Konstellationen zu unterscheiden:

   - Wenn sich der Private öffentlich-rechtlicher Handlungsformen bedient, ist er in jedem Fall an die Grundrechte gebunden. Erlässt also etwa eine privatrechtliche Stiftung, die ein Asylbewerberzentrum betreibt, eine Verfügung, unterliegt sie dabei einer strikten Grundrechtsbindung einschliesslich der Verfahrensgrundrechte.
   - Wenn der Private zur unmittelbaren Erfüllung von Verwaltungsaufgaben zivilrechtlich handelt, besteht die Grundrechtsbindung zumindest im Grundsatz. So vergeben beispielsweise die Gemeinden ihr Recht zur Vergabe von Plakatgrund auf öffentlichen Plätzen oft an private Akteure wie die Allgemeine Plakatgesellschaft. Letztere ist bei der Vergabe von Plakatplätzen zumindest an die Rechtsgleichheit und das Willkürverbot gebunden.

   Private können sodann aufgrund einer expliziten Verfassungsvorschrift an die Grundrechte gebunden sein. Eine solche sogenannte direkte Drittwirkung ist allerdings einzig in BV 8 Abs. 3 enthalten. Letztere Vorschrift verleiht dem Arbeitnehmer gegenüber dem Arbeitgeber einen gerichtlich durchsetzbaren Anspruch auf gleichen Lohn für gleichwertige Arbeit.

3. Den kantonalen Grundrechtsnormen kommt nur eine eigene Bedeutung zu, wenn sie einen weiteren Schutzbereich haben als die entsprechende Norm in der Bundesverfassung oder den internationalen Menschenrechtsverträgen.

4. Der persönliche Schutzbereich beantwortet die Frage, wem das konkrete Grundrecht zusteht. Bei der Frage der Rechtsträgerschaft geht es mithin um die Grundrechts*berechtigung*.

   Davon zu unterscheiden ist die Grundrechts*mündigkeit*. Letztere umfasst die Fähigkeit, Grundrechte in einem gerichtlichen Verfahren eigenständig, d.h. ohne gesetzlichen Vertreter, geltend zu machen.

Rechtsschutz

5. Während bei der abstrakten Normenkontrolle ein Erlass (Gesetz oder Verordnung) unmittelbar und unabhängig von einem konkreten Anwendungsfall gerichtlich angefochten wird, geht es bei der konkreten Normenkontrolle um die Beurteilung der Zulässigkeit einer Verfügung bzw. der Norm, auf die sie sich stützt. Das Gericht prüft im letzteren Fall vorfrageweise (akzessorisch), ob die Norm, auf die sich die angefochtene Anordnung stützt, verfassungsmässig ist.

6. Der Beschwerdeführer muss durch den angefochtenen Entscheid besonders berührt sein und damit ein schutzwürdiges Interesse an dessen Änderung oder Aufhebung haben (BGG 89 Abs. 1). Ein schutzwürdiges Interesse liegt vor, wenn die tatsächliche oder rechtliche Situation des Rechtsuchenden durch den Ausgang des Verfahrens beeinflusst werden kann. Dabei wird verlangt, dass die beschwerdeführende Person durch den angefochtenen Entscheid stärker als jedermann betroffen ist und in einer besonderen, beachtenswerten und nahen Beziehung zur Streitsache steht (BGE 138 V 292 E. 3 und 136 V 7 E. 2.1 mit Hinweisen, auch zum Folgenden). Bei Erlassen reicht eine bloss virtuelle Betroffenheit aus. Für die Erhebung einer Beschwerde in öffentlich-rechtlichen Angelegenheiten ist sodann kein rechtlich geschütztes Interesse erforderlich; auch ein tatsächliches (wirtschaftliches oder ideelles) Interesse kann genügen.

Dritte können ebenfalls betroffen und in ihren (faktischen) Interessen berührt sein, wenn sie in einer besonderen Beziehungsnähe zur Streitsache stehen, mithin stärker als die Allgemeinheit betroffen sind.

Das Interesse muss schliesslich aktuell und praktisch sein. Rechtsverfahren sind nicht dazu da, um theoretische Fragen zu klären.

7. Bei Beschwerden gegen Entscheide kann ausnahmsweise auf das Vorliegen eines aktuellen, praktischen Interesses verzichtet werden, wenn sich die Frage jederzeit wieder stellen kann, und an deren Beantwortung aufgrund ihrer prinzipiellen Bedeutung ein hinreichendes öffentliches Interesse besteht und sonst kaum je eine rechtzeitige Überprüfung möglich wäre.

8. Das Bundesgericht prüft die Voraussetzungen für das Eintreten auf Beschwerden in öffentlich-rechtlichen Angelegenheiten nach folgendem Schema:

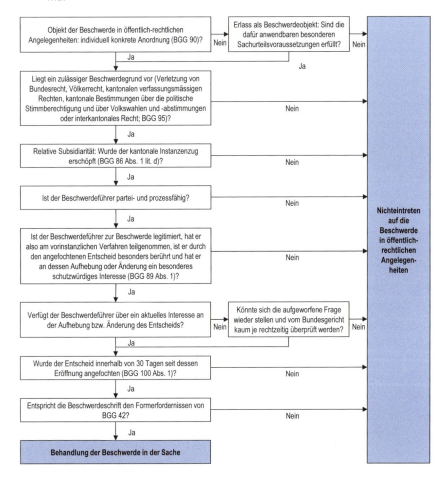

9. Das Bundesgericht tritt auf die Beschwerde nicht ein, wenn eine formelle Voraussetzung nicht gegeben ist. Die Angelegenheit wird damit inhaltlich nicht geprüft. Statt eines Urteils in der Sache ergeht ein sogenannter Nichteintretensentscheid.

10. Das Bundesgericht beurteilt Verfassungsbeschwerden gegen Entscheide letzter kantonaler Instanzen (BGG 113). Die subsidiäre Verfassungsbeschwerde ist allerdings nur dann zulässig, wenn gegen solche Entscheide

keine ordentliche Beschwerde (in Zivil-, Strafsachen oder öffentlich-rechtlichen Angelegenheiten) möglich ist. Aufgrund des Erfordernisses eines Entscheids kann die Verfassungsbeschwerde nicht gegen Gesetze oder Verordnungen erhoben werden.

11. Neben der formellen Beschwer bedarf es zur Erhebung der subsidiären Verfassungsbeschwerde eines *rechtlich* geschützten Interesses (BGE 137 II 305 E. 2). Im Vergleich zur Beschwerde in öffentlich-rechtlichen Angelegenheiten werden damit höhere Anforderungen an die Legitimation gestellt.

    Ein rechtlich geschütztes Interesse liegt vor, wenn der Beschwerdeführer Träger des geltend gemachten verfassungsmässigen Rechts ist und die behauptete Rechtsverletzung auch im Schutzbereich dieses Rechts liegt. Ein bloss tatsächliches Interesse reicht damit nicht aus. Sodann muss auch das rechtlich geschützte Interesse aktuell und praktisch sein.

12. Das allgemeine Willkürverbot verschafft für sich allein keine geschützte Rechtsstellung. Zur Willkürrüge ist man nur legitimiert, wenn die gesetzlichen Bestimmungen, deren willkürliche Anwendung gerügt werden, einen Rechtsanspruch einräumen oder dem Schutz der angeblich verletzten Interessen dienen (BGE 133 I 185 E. 6.1). Die Praxis wurde verschiedentlich kritisiert, bisher allerdings ohne Erfolg.

    Beachte: In seiner bisherigen Praxis verweigerte das Bundesgericht in Einbürgerungsangelegenheiten bei fehlendem Rechtsanspruch im kantonalen Recht eine Willkürüberprüfung, da es davon ausging, das Bundesrecht räume keinen Anspruch auf Einbürgerung ein (BGE 134 I 56 E. 2). Vom Ausschluss betroffen war auch der Einwand der Verletzung des allgemeinen Rechtsgleichheitsgebots nach BV 8 Abs. 1, da eine Zulassung der Rüge auf eine inhaltliche Prüfung des negativen Entscheids hinauslaufen würde, welche mit der Nichtzulassung der Willkürrüge gemäss BV 9 gerade ausgeschlossen werden sollte. In BGE 138 I 305 E. 1.4 gab das Bundesgericht diese Praxis auf. Seitdem kann sich «eine Person, deren Einbürgerungsgesuch abgewiesen wurde, [...] im Verfahren der subsidiären Verfassungsbeschwerde auch auf BV 9 BV und BV 8 Abs. 1 berufen und geltend machen [...], sämtliche bundes- und kantonalrechtlichen Einbürgerungsvoraussetzungen seien offensichtlich erfüllt, weshalb sich ihre Nichteinbürgerung als klarerweise unhaltbar und rechtsungleich erweise».

Materielle Prüfung im Allgemeinen

13. Liegt ein Eingriff in ein Freiheitsrecht vor, ist zu prüfen, ob er unter den Voraussetzungen von BV 36 gerechtfertigt ist. Ein Eingriff liegt bei jeder staatlichen Massnahme vor, welche die Ausübung der Freiheitsrechte behindert, erschwert oder unmöglich macht.

14. Echte Grundrechtskonkurrenz liegt vor, wenn für einen Sachverhalt und einen Grundrechtsträger mehrere Grundrechte einschlägig sind, die *nebeneinander* anwendbar sind.

    Unechte Grundrechtskonkurrenz ist demgegenüber dann gegeben, wenn ein behördlicher Akt mehrere Grundrechte derselben Person berührt, die im Verhältnis der Spezialität oder der Subsidiarität zueinander stehen:

    - Spezialität bedeutet, dass ein Grundrecht alle Merkmale eines anderen Tatbestands umfasst und darüber hinaus noch weitere spezialisierende Eigenschaften besitzt. Statt des allgemeinen kommt das besondere Grundrecht zur Anwendung. Liegt also beispielsweise ein Eingriff in die Pressefreiheit gemäss BV 17 Abs. 1 vor, ist der allgemeinere Anspruch auf Meinungsfreiheit in BV 16 nicht noch gesondert zu prüfen.

    - Ein Grundrecht ist subsidiär, wenn es nur dann zur Anwendung gelangt, falls kein anderes Grundrecht einschlägig ist. So sind beispielsweise Ansprüche aus BV 7 oder BV 10 Abs. 2 bloss dann zu prüfen, wenn kein anderes Grundrecht berührt ist.

    Unecht sind solche Konkurrenzen deshalb, da sie letztlich bloss scheinbar sind. Die zur Diskussion stehenden Grundrechte konkurrenzieren sich nicht wirklich; vielmehr kommt auf den jeweiligen Sachverhalt bloss ein ganz bestimmtes Grundrecht zur Anwendung, und im Gegensatz zur echten Konkurrenz sind die anderen Ansprüche nicht zu prüfen.

Einschränkung von Freiheitsrechten

15. Die Freiheitsbeschränkung muss in einem Gesetz oder einer Verordnung vorgesehen sein.

    - Schwerwiegende Einschränkungen müssen in einem Gesetz im formellen Sinn geregelt sein, wobei das Gesetz mindestens den Inhalt, den Zweck und das Ausmass selbst regeln muss (Erfordernis der Gesetzesform in BV 36 Abs. 1 Satz 2).

- Aufgrund des Erfordernisses des Rechtssatzes in BV 36 Abs. 1 Satz 1 muss die Norm so genau formuliert sein, dass der Betroffene sein Verhalten danach ausrichten und die Folgen seines Verhaltens abschätzen kann. Je schwerwiegender die Grundrechtseinschränkung ist, desto bestimmter muss die Norm formuliert sein.

16. Öffentliche Interessen sind die Interessen der Allgemeinheit, die der Staat schützen soll. Sie sind zeitlich wandelbar und örtlich verschieden. Freiheitsrechte können aufgrund polizeilicher Interessen eingeschränkt werden, mithin der öffentlichen Sicherheit, Ruhe und Ordnung, Treu und Glauben im Geschäftsverkehr usw. Darüber hinaus können auch raumplanerische, umwelt-, sozial- oder gesundheitspolitische Interessen einen Eingriff in Freiheitsrechte rechtfertigen.

17. Die Verhältnismässigkeitsprüfung beinhaltet drei Punkte:
    1. Eignung (auch Zwecktauglichkeit): Es muss möglich sein, mit der anvisierten Massnahme das angestrebte, im öffentlichen Interesse stehende Ziel zu erreichen.
    2. Erforderlichkeit (auch Übermassverbot): Es darf keine Massnahme ersichtlich sein, die weniger stark in das Freiheitsrecht eingreift und das angestrebte Ziel genauso wirksam erreicht. Der zu beurteilende Eingriff darf somit in sachlicher, räumlicher, zeitlicher und personeller Hinsicht nicht weiter gehen als notwendig; die Behörde darf mit anderen Worten nicht mit Kanonen auf Spatzen schiessen.
    3. Zumutbarkeit: Es muss ein vernünftiges Verhältnis zwischen dem angestrebten Ziel (dem Eingriffszweck) und dem damit verbundenen Eingriff in die Rechtsstellung des Betroffenen (der Eingriffswirkung) bestehen. Ein Teil der Lehre verwendet für dieses Kriterium auch den Begriff der «Verhältnismässigkeit im engeren Sinn».

Verfassungsrechtlicher Persönlichkeitsschutz

18. Bei der Menschenwürde handelt es sich einerseits um eine programmatische Norm, die als allgemeines Verfassungsprinzip die gesamte Rechtsordnung und Staatstätigkeit prägt. Andererseits stellt sie auch ein eigenständiges Grundrecht mit anspruchsbegründendem Gehalt dar.

19. Der Schutzbereich von BV 10 Abs. 1 umfasst das Leben des einzelnen Menschen ab seiner Geburt. Umstritten ist, ob auch das ungeborene Kind

Grundrechtsträger sein kann (vgl. aber BGE 119 Ia 460 E. 12e, wonach die Würde des Menschen schon dem Embryo in vitro zukommt). Die Debatte ist allerdings bis zu einem gewissen Grad akademischer Natur, da der Nasciturus durch spezifischere Normen geschützt wird. So besteht gemäss BV 119 Abs. 2 Bst. a–e ein beschränkter Lebens- und Gesundheitsschutz des Embryos ab dem Zeitpunkt der Kernverschmelzung; weiter schützen auch das Fortpflanzungsmedizin- und das Stammzellenforschungsgesetz das ungeborene Leben, und schliesslich steht der rechtswidrige Schwangerschaftsabbruch unter Strafe (StGB 118 ff.).

20. Das Recht auf persönliche Freiheit gemäss BV 10 Abs. 2 umfasst unter anderem das Recht auf Selbstbestimmung und auf individuelle Lebensgestaltung. Damit ist jedoch nicht gemeint, dass sich der Einzelne gegen jeden staatlichen Akt zur Wehr setzen kann, der sich auf seine persönliche Lebensgestaltung auswirkt. So fällt beispielsweise die Anordnung eines Gemeinderates, nur fünf (statt 16) Hunde gleichzeitg ausführen zu dürfen, nicht in den Schutzbereich von BV 10 (BGer v. 10. Februar 2014, 2C_856/213, E. 5.3), ebenso wohl das Verbot, einen Leoparden im Wald spazieren zu führen (BGer v. 2. Juli 2003, 2P.8/2003, E. 3.2.3).

21. Das Selbstbestimmungsrecht, zu Lebzeiten über seinen toten Körper zu verfügen (z.B. die Modalitäten seiner Bestattung festzulegen) hat Wirkungen über den Tod hinaus. Nach der bundesgerichtlichen Rechtsprechung hat dieses Recht grundsätzlich Vorrang vor dem Bestimmungsrecht der hinterbliebenen Angehörigen. Letzteres gelangt nur subsidiär zur Anwendung, wenn keine entsprechenden schriftlichen oder mündlichen Anordnungen des Verstorbenen vorliegen (BGE 129 I 173 E. 4).

22. Nach dem Prinzip des «Non-Refoulement» gemäss BV 25 Abs. 3 ist es dem Staat verboten, eine Person zur Rückkehr in ein Land zu zwingen, in dem ihr Leben oder ihre Freiheit wegen ihrer Rasse, Religion, Staatsangehörigkeit, Zugehörigkeit zu einer bestimmten sozialen Gruppe oder wegen ihrer politischen Überzeugung bedroht wird. Dieses Ausschaffungsverbot gehört zum Kerngehalt der persönlichen Freiheit, da es sich letztlich auch aus dem Folterverbot in BV 10 Abs. 3 ableiten lässt.

23. Der Anspruch auf Achtung des Privatlebens in BV 13 Abs. 1 garantiert dem Bürger im Kern das Recht, vom Staat in Ruhe gelassen zu werden. Letzteres ist eines der ältesten Grundrechte überhaupt und wurde von den

englischen Gerichten entwickelt («My home is my castle»). BV 13 beinhaltet im Übrigen folgende Ansprüche:

- Respektierung der Geheim- und Intimsphäre;
- freie Gestaltung des eigenen Lebens und insbesondere der Beziehungen zu anderen;
- Selbstbestimmung in sexuellen Fragen;
- Schutz der Ehre und des guten Rufs.

24. BV 13 Abs. 1 umfasst den Anspruch des Einzelnen, mit seiner Familie zusammenzuleben und mit den Familienmitgliedern persönliche Beziehungen zu pflegen. Der Begriff der Familie wird dabei weit verstanden und umfasst beispielsweise auch Konkubinatspaare und Grosseltern.

    BV 14 gewährleistet demgegenüber das Recht, eine Familie zu gründen, und beinhaltet unter anderen einen grundsätzlichen Anspruch auf Adoption. Das Recht auf Familiengründung steht nach der Rechtsprechung freilich nur verheirateten Paaren zu. Der Familienbegriff in BV 14 geht damit weniger weit als jener von BV 13.

25. Nach BV 13 Abs. 2 hat jede Person Anspruch auf Schutz vor Missbrauch ihrer persönlichen Daten. Dieser schützt den Einzelnen vor Beeinträchtigungen, die durch die staatliche Bearbeitung seiner persönlichen Daten entstehen. Jeder hat das Recht, selber zu entscheiden, welche persönlichen Daten an Dritte weitergegeben werden.

26. Die Erstellung von DNA-Profilen und die Sicherung dieser Daten in einem Informationssystem stellen Eingriffe in das Recht auf den Schutz der Privatsphäre der Betroffenen dar. Eine DNA-Analyse kann im Hinblick auf die Aufklärung einer begangenen Straftat gegenüber Verdächtigen vorgenommen werden (vgl. StPO 255–259 sowie das DNA-Profil-Gesetz [SR 363]). Eine präventive und systematische Erstellung von DNA-Profilen für gewisse Kategorien von Asylsuchenden erscheint jedoch nicht zulässig, da sie dem Verhältnismässigkeitsprinzip widerspricht.

Freiheitsrechte zum Schutz der Lebensgestaltung

27. Die Niederlassungsfreiheit in BV 24 Abs. 1 berechtigt Schweizer Bürgerinnen und Bürger zu Aufenthalt und Wohnsitz in einer frei gewählten Schweizer Gemeinde; auch der vorübergehende Aufenthalt ist davon er-

fasst. Das Grundrecht gewährleistet zudem das Recht auf freie Ein- und Ausreise (BV 24 Abs. 2).

28. Wohnsitzpflichten stellen einen Eingriff in die Niederlassungsfreiheit gemäss BV 24 Abs. 1 dar. Ein Solcher ist unter den üblichen Voraussetzungen von BV 36 zulässig:

    - Die Wohnsitzpflicht erscheint insgesamt als gravierender Eingriff, weshalb sie in einem Gesetz im formellen Sinn vorgeschrieben werden muss.

    - Als zulässige öffentliche Interessen kommen die Sicherstellung der Erreichbarkeit sowie eine Verbundenheit mit der lokalen Bevölkerung infrage. Fiskalische Interessen sind unzulässig.

    - Wohnsitzpflichten sind nur dann verhältnismässig, wenn der Angestellte rasch am Arbeitsort sein muss (so z.b. Angehörige der Feuerwehr) oder eine gewisse Verbundenheit des Angestellten mit der Bevölkerung angestrebt wird (z.B. bei einem Lehrer).

29. Die Kantone haben die Möglichkeit, sowohl für öffentliche Schulen als auch für Privatschulen den Unterricht in der betreffenden Amtssprache als obligatorisch zu erklären, da die Einheit des Sprachgebiets als ein Teilgehalt des Territorialprinzips gilt. Das Obligatorium der italienischen Unterrichtssprache stellt eine Massnahme zur Erhaltung der Identität der italienischsprachigen Schweiz dar. Daran besteht ein erhebliches öffentliches Interesse, weshalb eine Einschränkung der Sprachenfreiheit gerechtfertigt ist.

30. Die Sprachenfreiheit in BV 18 schützt das Recht einer Person, die Sprache ihrer Wahl zu gebrauchen. Neben der Muttersprache fällt grundsätzlich jede Sprache, derer sich jemand bedienen will, in den Schutz der Sprachenfreiheit, mithin auch Zweit- oder Drittsprachen.

31. Hat ein Kind das sechzehnte Altersjahr zurückgelegt, kann es selbstständig über sein religiöses Bekenntnis entscheiden (ZGB 303 Abs. 3). Die Grundrechtsmündigkeit tritt bei der Glaubens- und Gewissensfreiheit bereits mit 16 und nicht erst mit 18 Jahren ein. Ist ein Kind noch nicht 16 Jahre alt, verfügen die Eltern über seine religiöse Erziehung (ZGB 303 Abs. 1) und können Beschwerde für das Kind erheben.

32. Aufgrund der negativen Religionsfreiheit in BV 15 Abs. 4 darf niemand gezwungen werden, einer Religionsgemeinschaft beizutreten oder anzugehören, eine religiöse Handlung vorzunehmen oder religiösem Unterricht

zu folgen. Aus diesem Zwangsverbot ergibt sich mittelbar die Verpflichtung des Staates zu konfessioneller und religiöser Neutralität.

33. Bei der Bewertung von Glaubensinhalten ist von der Überzeugung auszugehen, welche die Norm für die Betroffenen hat (BGE 135 I 79 E. 4.4 und BGE 134 I 56 E. 5.2). Damit bestimmt der Gläubige nach der Rechtsprechung grundsätzlich selbst, was seine Religion ist. Nicht ausschlaggebend ist somit, wie die Mehrheit der betreffenden Glaubensgemeinschaft die heilige Schrift, hier also den Koran, auslegt. Somit können sich auch muslimische Gläubige, die eine strenge Auslegung befolgen, auf die Religionsfreiheit berufen. Das Minarettverbot tangiert deshalb die Glaubens- und Gewissensfreiheit.

Freiheitsrechte zum Schutz der Kommunikation

34. Die Meinungsfreiheit in BV 16 ist als Auffanggrundrecht zu den anderen Kommunikationsgrundrechten subsidiär. Wenn also der Schutzbereich eines spezifischeren Grundrechts eröffnet ist, kommt die Meinungsfreiheit nicht mehr zum Tragen. Es liegt insofern ein Fall von unechter Grundrechtskonkurrenz vor.

Echte Konkurrenz besteht dagegen beim Verbot von Demonstrationen. Letztere fallen sowohl unter die Meinungs- als auch die Versammlungsfreiheit gemäss BV 22.

35. Der Begriff der Meinung umfasst die Ergebnisse von Denkvorgängen, rational fassbar und mitteilbar gemachte Überzeugungen sowie Gefühlsausdrücke. Ob eine Mehrheit der Bevölkerung diese Meinungen schätzt oder sich daran stört, ist dabei irrelevant.

Unter die Meinungsfreiheit nach BV 16 fallen Meinungen von ideellem Inhalt, während kommerzielle Äusserungen von der Wirtschaftsfreiheit geschützt werden. EMRK 10 bietet allerdings auch für Meinungsäusserungen im kommerziellen Bereich einen gewissen Schutz.

36. Die Meinungsfreiheit nach EMRK 10 umfasst auch das Recht, Informationen ohne Beeinträchtigung zu empfangen. Bei einer vorgängigen, inhaltsbezogenen und systematischen staatlichen Kontrolle handelt es sich um Vorzensur. Der Europäische Gerichtshof für Menschenrechte prüft solche Eingriffe besonders genau. Die isländische Regierung muss mithin darlegen können, inwieweit eine Sperrung von Internetadressen zum Schutz der Moral im Sinn von EMRK 10 Ziff. 2 tatsächlich notwendig ist (vgl. auch

Ahmet Yildirim gegen Türkei vom 18. Dezember 2012, Nr. 3111/10 §§ 50 ff. ECHR 2012).

37. Demonstrationen auf öffentlichem Grund stellen gesteigerten Gemeingebrauch dar, für den das Gemeinwesen eine Bewilligungspflicht vorschreiben darf (vgl. BGE 132 I 256 E. 3). Grundsätzlich besteht ein Bewilligungsanspruch zwecks Durchführung einer Kundgebung auf einem öffentlichen Areal, das dem Publizitätsbedürfnis der Veranstaltung angemessen Rechnung trägt. Es gibt jedoch kein Recht auf Durchführung einer Demonstration an einem ganz bestimmten Ort, zu einem bestimmten Zeitpunkt und unter selbst bestimmten Randbedingungen. Daher handelt es sich lediglich um einen bedingten Anspruch.

Freiheitsrechte und Wirtschaftsordnung

38. Rechtmässige Streiks verletzen keine arbeitsvertraglichen Pflichten und sind deshalb kein Kündigungsgrund. Kündigt der Arbeitgeber trotzdem, wird er schadenersatzpflichtig. Bei der Auslegung der entsprechenden privatrechtlichen Vorschriften ist BV 28 Abs. 3 zu berücksichtigen. Die Norm hat insofern indirekte Drittwirkung.

39. Die Wirtschaftsfreiheit umfasst folgende drei Teilgehalte:
    - Die individualrechtliche Funktion gemäss BV 27 gewährleistet das Recht des Einzelnen, jede privatwirtschaftliche Tätigkeit frei auszuüben und einen privatwirtschaftlichen Beruf frei zu wählen. Einschränkungen sind nur unter den Voraussetzungen von BV 36 zulässig.
    - Die institutionelle Funktion beinhaltet den Grundsatz der freien Wirtschaftsordnung (BV 94 Abs. 1). Bund und Kantone müssen sich an den Grundsatz der Wirtschaftsfreiheit halten und dürfen nur Massnahmen treffen, die den Marktmechanismus respektieren.
    - Die bundesstaatliche Funktion (BV 95 Abs. 2) sichert den einheitlichen schweizerischen Wirtschaftsraum. Mit dem Binnenmarktgesetz sollen Handels- und Dienstleistungsschranken in der Schweiz abgebaut werden.

40. Der persönliche Schutzbereich der Wirtschaftsfreiheit umfasst grundsätzlich alle Schweizerinnen und Schweizer. Die inländischen juristischen Personen des Privatrechts können die Wirtschaftsfreiheit ebenfalls geltend machen, unter anderem weil die den natürlichen Personen zugestandene

Wirtschaftsfreiheit auch das Recht umfasst, darüber zu entscheiden, unter welcher Rechtsform sie wirtschaftlich auftreten wollen.

Ausländische natürliche Personen können sich auf die Wirtschaftsfreiheit nur dann berufen, wenn sie über eine Niederlassungsbewilligung oder einen gesetzlichen oder staatsvertraglichen Anspruch auf eine Aufenthaltsbewilligung verfügen (vgl. Freizügigkeitsabkommen). Ausländische juristische Personen können sich analog zu den ausländischen natürlichen Personen insoweit auf die Wirtschaftsfreiheit berufen, als sie zur Ausübung einer Erwerbstätigkeit in der Schweiz zugelassen sind (BGE 131 I 223 E. 1.1).

41. Nach BV 95 Abs. 2 dürfen Personen mit einem kantonalen oder kantonal anerkannten Ausbildungsabschluss ihren Beruf in der ganzen Schweiz ausüben.

42. Nein, Bedürfnisklauseln stellen wirtschaftspolitische Massnahmen dar, die den freien Wettbewerb behindern, um gewisse Gewerbezweige zu begünstigen, bzw. um das Wirtschaftsleben nach einem festen Plan zu lenken. Sie widersprechen damit dem Grundsatz der Wirtschaftsfreiheit in BV 94 Abs. 1.

43. Abweichungen vom freien Wettbewerb setzen gemäss BV 94 Abs. 4 einen Vorbehalt in der Verfassung voraus, wie beispielsweise in BV 100 Abs. 3, 101 Abs. 2 oder 102 Abs. 2. Zudem sind Massnahmen zulässig, die auf kantonalen Regalrechten basieren (z.B. Berg-, Salz-, Fischereiregal).

44. Der Grundsatz der Gleichbehandlung der Konkurrenten ist strenger als das allgemeine Rechtsgleichheitsgebot nach BV 8 Abs. 1. Eine Ungleichbehandlung Konkurrierender ist nur dann zulässig, wenn sie erstens sachlich gerechtfertigt ist und zweitens nach ihrem objektiven Regelungszweck nicht darauf gerichtet ist, bestimmten Personen oder Personengruppen die Erzielung besonderer finanzieller Vorteile zu ermöglichen, die sie über den Markt nicht erzielen könnten.

45. Ein Monopol ist das Recht des Staates, eine bestimmte wirtschaftliche Tätigkeit unter Ausschluss aller anderen Personen auszuüben. Es wird zwischen tatsächlichen und rechtlichen Monopolen unterschieden. Während bei tatsächlichen Monopolen die vorherrschenden Umstände, wie die beschränkten staatlichen Güter, zum Monopol führen (z.B. Wasserkraft), entsteht das rechtliche Monopol durch einen Rechtssatz (z.B. Postgesetz).

46. Grundsätzlich liegt eine Einschränkung der Wirtschaftsfreiheit gemäss BV 27 nur vor, wenn die Stellung des Wirtschaftssubjekts durch staatliche *Rechtsakte* oder *hoheitliches Realhandeln* rechtlich eingeschränkt wird. Staatliche

Massnahmen, die bloss *faktische* Auswirkungen auf das wirtschaftliche Handeln haben, werden vom Bundesgericht nur zurückhaltend als Grundrechtseingriff qualifiziert (BGE 135 I 130 E. 4.2 = Pra 99 [2010] Nr. 1 und 132 V 6 E. 2.5.2 f.). Die individualrechtliche Komponente der Wirtschaftsfreiheit gewährt also keinen Schutz vor staatlicher Konkurrenz, sofern das private Angebot durch die staatliche Massnahme nicht geradezu verdrängt wird (BGE 138 I 378 E. 6.2.2).

47. Die Eigentumsgarantie in BV 26 hat folgende Teilgehalte:
    - Die Institutsgarantie schützt das Eigentum als Rechtsinstitut, d.h. allgemein, nicht bezogen auf konkrete Eigentümer. Der Gesetzgeber darf das Eigentum nicht abschaffen oder völlig aushöhlen. Zuweilen wird die Institutsgarantie aber auch eigentümerbezogen dem Kerngehalt des Grundrechts zugeordnet.
    - Die Bestandesgarantie in BV 26 Abs. 1 schützt den Bestand der konkreten Eigentumsrechte des Einzelnen. Einschränkungen sind nur unter den Voraussetzungen von BV 36 zulässig.
    - Die Wertgarantie in BV 26 Abs. 2 vermittelt einen Entschädigungsanspruch gegen den Staat, wenn dieser in die Bestandesgarantie eingreift.

48. Der sachliche Schutzbereich der Eigentumsgarantie umfasst das Eigentum gemäss ZGB 641 ff., alle sonstigen vermögenswerte Rechte des Privatrechts (beschränkte dingliche Rechte, Immaterialgüterrechte und obligatorische Rechte) bzw. das Vermögen als solches, wohlerworbene Rechte des öffentlichen Rechts sowie auch faktische Voraussetzungen zur Ausübung der Eigentümerbefugnisse, so etwa jene von Strassenanstössern.

49. Die materielle Enteignung ist zwar wie die entschädigungslose Eigentumsbeschränkung keine formelle Enteignung, sie kommt jedoch einer Enteignung gleich. Eine Eigentumsbeschränkung ist entweder aufgrund der Eingriffsintensität oder nach der Lastengleichheit eine materielle Enteignung.

50. Eine Eigentumsbeschränkung ist nach der Sonderopfer-Theorie enteignungsgleich und damit zu entschädigen, wenn ein einzelner Grundeigentümer so betroffen ist, dass sein Opfer gegenüber der Allgemeinheit unzumutbar erschiene und es mit der Rechtsgleichheit nicht vereinbar wäre, wenn hierfür keine Entschädigung geleistet würde.

Rechtsstaatliche Garantien

51. Grundrechtsträger von BV 8 Abs. 1 sind neben den natürlichen Personen auch juristische Personen des Privatrechts. Juristische Personen des öffentlichen Rechts können sich allerdings nur auf die Rechtsgleichheit berufen, wenn sie wie eine Privatperson betroffen sind.

52. Derselbe Sachverhalt kann in den Kantonen verschieden behandelt werden. Das Gleichbehandlungsgebot wird nicht durch die unterschiedliche Auslegung von Bundesgesetzen in verschiedenen Kantonen verletzt, solange sich die Auslegungen in bundesrechtskonformem Rahmen bewegen.

53. Voraussetzungen für eine Praxisänderung:
    1. Es müssen ernsthafte und sachliche Gründe für die Praxisänderung sprechen. Eine Änderung kann insbesondere begründet sein, wenn die neue Lösung besserer Erkenntnis des Gesetzessinns, veränderten äusseren Verhältnissen oder gewandelter Rechtsanschauung entspricht (vgl. BGE 137 V 314 E. 2.2).
    2. Das Interesse an der richtigen Rechtsanwendung muss gegenüber demjenigen der Rechtssicherheit überwiegen.
    3. Die Änderung muss grundsätzlich erfolgen.
    4. Die Praxisänderung darf keinen Verstoss gegen Treu und Glauben darstellen. Letzteres erfordert in der Regel eine zureichende vorgängige Ankündigung oder allenfalls übergangsrechtliche Regelungen.

54. Der allgemeine Gleichheitssatz ist kein Abwehrrecht. Der auf die klassischen Freiheitsrechte zugeschnittene BV 36 findet bei der Rechtsgleichheitsprüfung deshalb keine Anwendung. Letztere kommt analog bloss bei der Prüfung von Massnahmen zur Förderung der Gleichstellung von Mann und Frau infrage (vgl. BV 8 Abs. 3 Satz 2).

    In der Lehre wird allerdings gefordert, dass die Voraussetzungen von BV 36 Anwendung finden sollen, wenn Ungleichbehandlungen in der Rechtsetzung auf die Verwirklichung externer Ziele gerichtet sind (vgl. insbes. MATTHIAS OESCH, Differenzierungen und Typisierung: zur Dogmatik der Rechtsgleichheit in der Rechtsetzung, Bern 2008, S. 214 ff., RENÉ WIEDERKEHR, AJP 2008, 394, 397 ff.); zumindest sollten seine Kernpunkte in die Prüfung einfliessen. Zu unterscheiden ist dabei zwischen Ungleichbehandlungen, die aufgrund unterschiedlicher tatsächlicher Verhältnisse erfolgen (interne Gründe), und solchen, die ihren Grund primär in der Verwirklichung externer Regelungsziele haben (externe Gründe). Das Bundesgericht ist in BGE 136 I 1 E. 4.3.2 der Unterscheidung zwischen internen und externen Gründen für eine Ungleichbehandlung gefolgt. Ein vom Gesetzgeber verfolgtes externes Regelungsziel müsse demnach selbst zulässig und die Erreichung des Ziels verhältnismässig sein. Dagegen fehlt es intern begründeten Ungleichbehandlungen an einer Kollision zwischen der Rechtsgleichheit und öffentlichen Interessen, weshalb eine Anwendung von BV 36 wegfällt. Diese Ungleichbehandlungen können daher nur bei Vorliegen sachlicher Gründe gerechtfertigt werden. Nach der hier vertretenen Auffassung erscheint es demgegenüber überflüssig, BV 36 auf Fragen der Rechtsgleichheit zur Anwendung zu bringen.

55. Eine Diskriminierung besteht, wenn eine Person allein wegen ihrer Zugehörigkeit zu einer bestimmten Gruppe benachteiligt wird. Neben den in BV 8 Abs. 2 genannten sensiblen Kriterien wie Herkunft, Rasse, Alter usw. kann eine Diskriminierung auch aufgrund anderer Merkmale vorliegen, die mit den aufgezählten Kriterien vergleichbar sind. Grund dafür ist der explizite Wortlaut der genannten Vorschrift, die keine abschliessende Aufzählung statuiert («namentlich»).

Das Bundesgericht hat demgegenüber bezüglich des Kriteriums «Abstammung von nicht vermögenden Eltern» festgehalten, dieses sei «nicht geeignet, eine Gruppe oder Minderheit zu umschreiben, die sich durch spezifische Eigenheiten oder durch besondere, nicht frei gewählte oder schwer aufgebbare Merkmale auszeichnet und von daher besonderen verfassungsmässigen Schutzes bedürfe» (BGE 135 I 49 E. 4.3).

56. Das Diskriminierungsverbot schützt vor Stereotypisierung und damit sowohl Frauen und Männer, Schwarze und Weisse, Christen und Muslime (vgl. z.B BGE 129 I 392 E. 3.2.2). Einige Autoren vertreten demgegenüber die Auffassung, dass sich bloss der Schwächere auf das Verbot berufen kann (sogenannter asymmetrischer Diskriminierungsbegriff). Angehörige anderer Personengruppen wie Weisse oder Christen sollen dieser Auffassung zufolge bloss den allgemeinen Gleichheitssatz in BV 8 Abs. 1 anrufen können (vgl. MÜLLER/SCHEFER, S. 689 f.).

57. BV 8 Abs. 3 umfasst zunächst ein spezifisch formuliertes Diskriminierungsverbot: Der Geschlechterunterschied darf kein Kriterium für eine ungleiche Behandlung durch den Staat sein. Sodann statuiert die Vorschrift einen Gesetzgebungsauftrag, tatsächliche Gleichheit der Geschlechter herbeizuführen (Egalisierungsgebot). Und schliesslich beinhaltet der Artikel einen

subjektiven Anspruch auf gleichen Lohn für gleiche Arbeit auch gegenüber privaten Arbeitgebern. Er ordnet damit als einziges Grundrecht eine unmittelbare Drittwirkung an.

58. Willkür liegt vor, wenn eine Behörde für die Betroffenen unverständlich und nicht nachvollziehbar handelt. Willkür kann in der Rechtsetzung und in der Rechtsanwendung vorkommen.

- Erlasse sind willkürlich, wenn sie sich nicht auf einen sachlichen Grund abstützen oder keinen vernünftigen Sinn und Zweck ergeben.
- Willkür in der Rechtsanwendung liegt nach bundesgerichtlicher Rechtsprechung dann vor, wenn der angefochtene Entscheid offensichtlich unhaltbar ist, mit der tatsächlichen Situation in klarem Widerspruch steht, eine Norm oder einen unumstrittenen Rechtsgrundsatz krass verletzt oder in stossender Weise dem Gerechtigkeitsgedanken zuwiderläuft (BGE 136 I 316 E. 2.2.2). Das Bundesgericht hebt einen Entscheid allerdings nur dann auf, wenn nicht bloss die Begründung, sondern auch das Ergebnis unhaltbar ist.

59. Ein Anspruch auf Vertrauensschutz besteht nach der Rechtsprechung, wenn folgende Voraussetzungen kumulativ erfüllt sind (statt vieler BGE 137 I 69 E. 2.5):

- Die Auskunft wurde auf eine konkrete Angelegenheit bezogen und vorbehaltlos erteilt.
- Die Behörde war für die Erteilung der Auskunft zuständig oder durfte vom Betroffenen als zuständig erachtet werden.
- Die Fehlerhaftigkeit war nicht offensichtlich erkennbar.
- Der Betroffene hat gestützt auf die Auskunft Dispositionen getroffen, die nicht ohne Nachteil rückgängig gemacht werden können.
- Die Rechts- und Sachlage hat sich seit der Auskunftserteilung nicht geändert.

Verfahrensgrundrechte

60. Der Anspruch auf Fairness und Gleichbehandlung im Verfahren (BV 29 Abs. 1) sowie der Gehörsanspruch gemäss BV 29 Abs. 2 sind formeller Natur und setzen keinen Nachweis eines materiellen Interesses voraus. Eine Anspruchsverletzung zieht daher grundsätzlich die Aufhebung der

angefochtenen Anordnung nach sich, und zwar ungeachtet der Erfolgsaussichten des Rechtsmittels in der Sache selbst.

61. Der Anspruch auf rechtliches Gehör ist einerseits ein persönlichkeitsbezogenes Mitwirkungsrecht, d.h., die Vorbringen des Betroffenen sind beim Erlass einer Verfügung, die in seine Rechtsstellung eingreift, zu berücksichtigen. Andererseits dient der Gehörsanspruch auch der Klärung des Sachverhalts.

62. Eine bloss geringfügige Verletzung des Gehörsanspruchs kann dadurch geheilt werden, dass die Partei sich vor einer höheren Instanz äussern kann, die sowohl die Tat- als auch die Rechtsfragen uneingeschränkt überprüfen kann. Nach der Rechtsprechung kann selbst bei einer schwerwiegenden Verletzung des Anspruchs auf rechtliches Gehör von einer Rückweisung der Sache an die Vorinstanz abgesehen werden, wenn die Rückweisung zu einem formalistischen Leerlauf und damit zu unnötigen Verzögerungen führen würde, die mit dem Interesse der betroffenen Partei an einer beförderlichen Beurteilung der Sache nicht zu vereinbaren wären (BGE 137 I 195 E. 2.3.2 und 136 V 117 E. 4.2.2.2).

Diese bundesgerichtliche Rechtsprechung zur «Heilung» wurde in der Lehre wiederholt kritisiert (vgl. statt vieler BENJAMIN SCHINDLER, Die «formelle Natur» von Verfahrensgrundrechten: Verfahrensfehlerfolgen im Verwaltungsrecht – ein Abschied von der überflüssigen Figur der «Heilung», ZBl 106 [2005], 169, 175 ff.). Zunächst wird damit der Instanzenzug verkürzt. Zudem vertrauen die Behörden aufgrund der regelmässig vorgenommenen Heilungen darauf, dass die Rechtsmittelinstanzen ihre Verfahrensfehler beheben. Und schliesslich lässt die Rechtsprechung ausser Acht, dass schwerwiegende Verletzungen wie eine gänzlich fehlende Begründung die Anordnung in die Nähe der Nichtigkeit rücken. In solchen Fällen sollte die Rechtsmittelinstanz den angefochtenen Entscheid aufheben und zur Neubeurteilung an die Vorinstanz zurückweisen. Nur so erhält das auf dem Spiel stehende Verfahrensgrundrecht das ihm zustehende Gewicht.

63. Während bei einer Rechtsverweigerung nichts darauf hindeutet, dass die Behörde noch entscheiden bzw. verfügen will, missachtet sie bei einer Rechtsverzögerung den Anspruch auf Beurteilung innert angemessener Frist, ist jedoch grundsätzlich bereit zu entscheiden.

64. Gemäss bundesgerichtlicher Praxis ergibt sich aus dem Akteneinsichtsrecht auch ein – beschränkter – Anspruch darauf, auf einem Kopiergerät der Behörde Kopien von Akten selber herzustellen, soweit dies für die Be-

hörde keinen unverhältnismässigen Aufwand darstellt (BGE 116 Ia 325 E. 3d/aa). Für die Kopien können allerdings Gebühren erhoben werden.

65. Ein unentgeltlicher Rechtsbeistand wird nur auf Gesuch der betroffenen Partei bestellt. Aufgrund von BV 29 Abs. 3 müssen für die Bewilligung eines solchen Gesuchs drei Voraussetzungen erfüllt sein:
    - Der Betroffene ist mittellos.
    - Das Verfahren ist nicht aussichtslos.
    - Eine Vertretung ist zur Wahrung der Rechte des Betroffenen notwendig. Dies ist zunächst stets dann der Fall, wenn das Verfahren besonders schwer in die Rechtsposition der mittellosen Partei eingreift. Bei weniger schweren Eingriffen besteht ein Anspruch auf Verbeiständung dann, wenn das Verfahren in rechtlicher oder tatsächlicher Hinsicht Schwierigkeiten bereitet oder der Betroffene nicht in der Lage ist, das Verfahren allein zu bewältigen.

66. EMRK 6 Ziff. 1 gewährleistet das Recht des Einzelnen auf gerichtliche Beurteilung von Streitigkeiten in Bezug auf bürgerliche Ansprüche («civil rights») oder über eine strafrechtliche Anklage. Dagegen umfasst BV 29a alle Rechtsstreitigkeiten und erstreckt sich somit auf das Straf-, das Zivil- und das öffentliche Recht. Letzteres wird von EMRK 6 Ziff. 1 nur teilweise erfasst.

67. BV 30 Abs. 1 vermittelt einen Anspruch auf ein durch Gesetz geschaffenes, zuständiges, unabhängiges und unparteiisches Gericht. Dies bedeutet, dass das Gericht einer Rechtsgrundlage im formellen Gesetz bedarf und ordnungsgemäss zusammengesetzt sein muss. Es darf kein Abhängigkeitsverhältnis von Legislative oder Exekutive vorliegen, und die Richter dürfen nur dem Recht verpflichtet sein (BV 191c). Zudem müssen sie unparteiisch sein, es dürfen also keine Befangenheitsgründe vorliegen.

68. Strafverfahren bedeuten einen schweren Eingriff in die Rechtsstellung des Betroffenen. Es bedarf daher einer besonderen Sicherung durch Garantien wie die Unschuldsvermutung und besondere Verteidigungsrechte (im Einzelnen BV 32).

Soziale Grundrechte

69. Ja, der persönliche Schutzbereich von BV 12 umfasst alle Menschen, die in der Schweiz anwesend sind, unabhängig von einem Aufenthaltsrecht.

70. Die Ausrichtung der Nothilfe darf grundsätzlich nur mit Auflagen und Bedingungen verbunden werden, die darauf gerichtet sind, die verfassungsmässige Ausübung des Grundrechts zu sichern. So kann beispielsweise die Mitwirkung bei der Feststellung verlangt werden, ob bei der betroffenen Person eine Notlage vorliegt. Ausgeschlossen sind Nebenbestimmungen, die bei der Durchsetzung nicht zur Beseitigung der Notlage führen.

71. Der Grundschulunterricht ist in qualitativer Hinsicht ausreichend, wenn er die Kinder und Jugendlichen genügend auf ein selbstständiges Leben als Erwachsene vorbereitet und dabei die individuellen Fähigkeiten und die Persönlichkeitsentwicklung berücksichtigt. Vorausgesetzt ist auch eine Mindestdauer der Schulpflicht (elf Jahre gemäss HarmoS-Konkordat).

Politische Rechte

72. Zu den politischen Rechten gehört einerseits das Stimmrecht, d.h. das Recht auf Teilnahme an Volksabstimmungen und das Recht auf Unterzeichnung von Initiativen und Referenden, andererseits das aktive und passive Wahlrecht.

73. Mit der Stimmrechtsbeschwerde kann die Beeinträchtigung des aktiven und passiven Wahlrechts gerügt werden, ebenso die Verletzung des Initiativ- und Referendumsrechts sowie die richtige Zusammensetzung des Stimmvolks. Diese allgemeinen politischen Rechte werden von BV 34 Abs. 1 erfasst.

    Die Beschwerde in Stimmrechtssachen kann aber auch bei einer Verletzung der freien Willensbildung und der unverfälschten Stimmabgabe (BV 34 Abs. 2) erhoben werden. Geschützt ist die Meinungsbildung im Vorfeld des Urnengangs (einschliesslich korrekte Vorbereitung des Urnengangs durch die Behörde), die Durchführung des Urnengangs sowie die Wahlrechtsgleichheit.

74. Das Beschwerderecht steht den Stimmberechtigten zu, mithin mündigen Schweizer Bürgerinnen und Bürgern. Wenn die Stimmberechtigung selbst streitig ist, genügt das Betroffensein durch den Akt. Ebenfalls beschwerdelegitimiert sind politische Parteien und Vereinigungen, wenn sie als juristische Personen im Gebiet des betreffenden Gemeinwesens tätig sind.

75. Bei Personenwahlen sind aufgrund der Neutralität jegliche behördliche Stellungnahmen verboten. Es besteht einzig eine Pflicht der Behörden zur korrekten Präsentation der kandidierenden Personen.

Bei Sachabstimmungen sind Abstimmungsempfehlungen erlaubt, solange sie einer objektiven und sachlichen Information entsprechen. Verboten sind behördliche Propaganda und Manipulationen. Eine Intervention der Behörden kann zum Schutz der Abstimmungsfreiheit geboten sein, falls kurz vor der Abstimmung offensichtlich falsche oder irreführende Angaben durch Private kursieren.

76. Die Wahl oder die Abstimmung wird nur aufgehoben, wenn
    1. der Fehler erheblich ist und
    2. der Mangel mit gewisser Wahrscheinlichkeit kausal für das Abstimmungsergebnis ist.

77. Die Wahlrechtsgleichheit beinhaltet folgende Aspekte:
    - Die Zählwertgleichheit sichert allen Stimmenden das gleiche Gewicht ihrer Stimme zu («one man, one vote»).
    - Die Stimmkraftsgleichheit fordert ein über alle Wahlkreise weitgehend gleichbleibendes Verhältnis zwischen der repräsentierten Bevölkerung und der zugeteilten Sitzzahl. Einschränkungen erleidet die Stimmkraftsgleichheit durch von der Bevölkerungsgrösse unabhängige Sitzgarantien.
    - Die Erfolgswertgleichheit umfasst das Recht auf Wirksamkeit der abgegebenen Stimmen. Möglichst viele Wählervoten sollen sich im Wahlergebnis effektiv niederschlagen.

78. Strafgefangene dürfen nach der Rechtsprechung des EGMR nicht pauschal, im Sinne eines Automatismus vom Abstimmungs- und Wahlrecht ausgeschlossen werden *(Firth und andere gegen Vereinigtes Königreich Nr. 47784/09 vom 12. August 2014 §§ 14 ff.; Hirst gegen Vereinigtes Königreich (Nr. 2) Nr. 74025/01 vom 6. Oktober 2005, ECHR 2005-IX §§ 48 ff.*; anders bemerkenswerterweise erneut der britische Supreme Court in *R [Chester] v Secretary of State for Justice and McGeoch v The Lord President of the Council & Anor*, [2013] UKSC 63 §§72 ff.). Eine *teilweise* Aberkennung des Stimm- und Wahlrechts, z.B. bei besonders schweren Verbrechen, ist dagegen zulässig.

Übungsfall 1: Nur für «Helveter»

Private Vereine können aufgrund der Vereinigungsfreiheit in BV 23 frei über die Aufnahme von Mitgliedern entscheiden. Frau Conrad kann das Diskriminierungsverbot grundsätzlich nur gegenüber staatlichen Behörden geltend machen. Gegenüber Privaten kann sich der Betroffene bloss dann auf Grundrechte berufen, wenn diese staatliche Aufgaben wahrnehmen (BV 35 Abs. 2). Angesichts der wenigen Vorteile, die die «Helvetia» als universitäre Vereinigung geniesst, ist eher nicht von einer Grundrechtsbindung auszugehen. Daher darf die «Helvetia» Frau Conrad die Aufnahme verweigern.

Anders wäre nach der hier vertretenen Auffassung zu entscheiden, wenn die Studentenvereinigung massgeblich an der Konstituierung universitärer Organe beteiligt wäre.

Das Bundesgericht stufte in einem vergleichbaren Fall die Vereinigungsfreiheit höher ein als das Diskriminierungsverbot, was bedenklich erscheint (BGE 140 I 201 E. 5).

Übungsfall 2: Armer Benno

Durch die Tötung seines Hundes wurde Abderhalden in seiner Eigentumsfreiheit tangiert. Da Benno zum Schutz von Menschen und nicht wegen Vernachlässigung oder unrichtiger Haltung getötet wurde, kann aTSchG 25 keine Grundlage dafür bilden. Deshalb ist zu prüfen, ob die Massnahme auf die polizeiliche Generalklausel gestützt werden kann, wofür folgende Voraussetzungen erfüllt sein müssen (vgl. BV 36 Abs. 1 Satz 3):

1. Notwendigkeit des Schutzes eines fundamentalen Rechtsguts.
2. Schwere, zeitlich unmittelbar drohende Gefahr oder eingetretene schwere Störung.
3. Einhaltung des Verhältnismässigkeitsgrundsatzes.
4. Keine geeigneten gesetzlichen Massnahmen.
5. Die Gefahrenlage war für den Gesetzgeber atypisch und unvorhersehbar.

Das Bundesgericht stufte das zuletzt genannte Kriterium der Unvorhersehbarkeit in diesem Fall insoweit als nicht sachgerecht ein, als die Massnahme zur Abwehr von Gefahren für Leib und Leben diene. Die Untätigkeit des Gesetzgebers dürfe dem möglichen Opfer einer ernsthaften und konkreten Gefährdung durch private Gewalt nicht zum Nachteil gereichen, zumal in diesem Bereich staatliche Schutzpflichten bestehen (BGer v. 30. November 2009, 2C_166/2009, E. 2.3.2.1). Das Bundesgericht verzichtete deshalb auf eine Prüfung dieses Kriteriums.

Das Bundesgericht hielt die übrigen Voraussetzungen für erfüllt. Insbesondere erachtete es Bennos Einschläferung als geboten, da von der Attacke auf die Velofahrerin bis zur vertrackten Situation im Tierheim die vom Hund ausgehende Gefahr andauerte. Mildere Massnahmen wären ungeeignet gewesen, so ein längerfristiges Halten des Hundes im Zwinger ohne Fütterung. Das Bundesgericht erachtete schliesslich den Eingriff angesichts der von Benno ausgehenden Gefahr als zumutbar.

Übungsfall 3: Todesgefahr im Strafvollzug

Nach bundesgerichtlicher Rechtsprechung darf der Staat eine Strafe dann nicht vollziehen, wenn diese mit grösster Wahrscheinlichkeit oder gar mit Sicherheit den Tod zur Folge hätte. Wenn für Schwerkranke oder für Selbstmordgefährdete kein geeignetes Gefängnis (z.B. mit einer Krankenabteilung) zur Verfügung steht, dürfen sie nicht eingesperrt werden. Bei A. besteht zwar ein gewisses Risiko, jedoch keine erhöhte Wahrscheinlichkeit, dass er im Strafvollzug stirbt. Er gilt daher als haftstehungsfähig und die Gefängnisstrafe kann insofern vollzogen werden (Urteil des Bundesgerichts vom 11. Mai 1993 in plädoyer 1993 Heft 5, 60 f.).

Übungsfall 4: Online-Fahndungsfotos

Die Veröffentlichung der Bilder von mutmasslichen Tätern kann für die betroffenen Personen einschneidende Folgen haben. Sie haben der Publikation nicht zugestimmt, weshalb ein Eingriff in ihre informationelle Selbstbestimmung nach BV 13 Abs. 2 vorliegt. Zu prüfen ist daher, ob die Voraussetzungen für einen zulässigen Eingriff nach BV 36 erfüllt sind:

- Nach StPO 74 Abs. 1 Bst. a und StPO 211 kann die Öffentlichkeit zur Mithilfe bei der Fahndung aufgefordert werden.
- Ein öffentliches Interesse kann im Interesse an der Durchsetzung des Strafrechts gesehen werden.
- Die Veröffentlichung von Fahndungsfotos im Internet ist geeignet, die Verdächtigen mit grösserer Wahrscheinlichkeit zu finden. Heikel ist insbesondere die Erforderlichkeit der Mithilfe der Öffentlichkeit bei der Aufklä-

rung von Straftaten. Ob die Veröffentlichung für einen Fahndungserfolg erforderlich ist, hängt davon ab, welche Beweiserhebungsmassnahmen bereits durchgeführt wurden.

Internet-Fahndungen dürfen nach dem Gesagten nur zurückhaltend angewandt werden, und nur, wenn alle anderen Ermittlungsbemühungen erfolglos geblieben sind.

Übungsfall 5: Ausgehverbot

Der Betroffene kann sich gegenüber einem Ausgehverbot auf seine persönliche Freiheit, insbesondere seine Bewegungsfreiheit berufen. Für die Berührung weiterer Grundrechte bestehen vorliegend keine Anhaltspunkte.

Das Erfordernis der Gesetzesform ist hier erfüllt, ebenso jenes der genügenden Bestimmtheit der Norm. Als öffentliches Interesse kann die Herstellung von Ruhe und Ordnung angeführt werden, was grundsätzlich zulässig ist. Für Beurteilung der Zulässigkeit der Busse ist demnach entscheidend, ob der Eingriff verhältnismässig ist, mithin die Erfordernisse von Eignung, Erforderlichkeit und Zumutbarkeit.

- Das Ausgehverbot für Jugendliche erscheint grundsätzlich geeignet, Nachtruhestörungen, Littering und Vandalismus zu vermeiden und damit das öffentliche Interesse der Aufrechterhaltung von Ruhe und Ordnung zu verwirklichen.

- Die Massnahme darf aufgrund der Voraussetzung der Erforderlichkeit sachlich, persönlich, örtlich und zeitlich nicht über das zur Zielerreichung Notwendige hinausgehen. Vorliegend kämen der Einsatz von Sicherheitskräften und regelmässige Kontrollen der von den Jugendlichen genutzten Plätze als mildere, gleich geeignete Massnahmen infrage. Die Polizei ist zudem dazu verpflichtet, gezielt gegen diejenigen Jugendlichen vorzugehen, die tatsächlich Vandalenakte begehen. Stattdessen wird ein generelles Verbot ausgesprochen, dass sämtliche Personen unter 16 Jahren betrifft, mithin auch solche, die keinen Anlass zu Beanstandungen gegeben haben.

- Aus dem letzteren Grund ist die Vorschrift nicht nur nicht erforderlich, sondern auch unzumutbar. Jugendliche haben aufgrund von BV 11 Anspruch auf besonderen Schutz ihrer Unversehrtheit und auf Förderung ihrer Entwicklung. Bei der Abwägung zwischen öffentlichem und privatem Interesse im konkreten Fall ist den Interessen von Jugendlichen mithin besonders sorgfältig Rechnung zu tragen. Generelle Ausgehverbote gehen über diese Besonderheiten hinweg. Sie mögen in Krisenzeiten gerechtfertigt sein, aber nicht dann, wenn es darum geht, Nachtruhestörungen oder sonstige nicht sonderlich gravierende Störungen der öffentlichen Ordnung zu vermeiden.

Damit verletzt das gesetzliche Ausgehverbot das Erfordernis der Verhältnismässigkeit, weshalb die Busse aufzuheben ist.

Übungsfall 6: Ehering in der Gefängniszelle

Das Recht auf persönliche Freiheit in BV 10 Abs. 2 sowie der Schutz der Privatsphäre in BV 13 Abs. 1 umfassen den Anspruch, Gegenstände mit in die Zelle zu nehmen. Dieser Anspruch kann beschränkt werden, um Ausbruchsversuche, Selbstmorde und Angriffe auf das Personal zu verhindern. Bei persönlichen Gegenständen wie der Uhr oder einem Ehering ist eine solche Beschränkung jedoch klarerweise unverhältnismässig (insgesamt zurückhaltender, allerdings im Rahmen einer abstrakten Normenkontrolle BGE 102 Ia 279 E. 3, Minelli II).

Übungsfall 7: Freitagsgebet in der Strafanstalt

Die beschwerdeführenden Strafgefangenen können sich hinsichtlich der Möglichkeit, gemeinsam zu beten, auf ihre Kultusfreiheit als Teilgehalt der Religionsfreiheit berufen. Letztere verpflichtet den Staat zu religiöser Neutralität. Die öffentlich-rechtliche Anerkennung einer Glaubensgemeinschaft als Landeskirche darf nicht zum Kriterium für die Zulässigkeit eines gemeinsamen Gottesdienstes gemacht werden. Soweit der angefochtene Entscheid den Muslimen das gemeinsame Freitagsgebet mit dem Argument verweigert, dass ihre Glaubensgemeinschaft nicht öffentlich-rechtlich anerkannt ist, verstösst er gegen die Kultusfreiheit.

Zudem ist auch der Grundsatz der Rechtsgleichheit verletzt, da zwischen Landeskirchen und anderen Glaubensgemeinschaften hinsichtlich des Kultus kein erheblicher Unterschied in den tatsächlichen Verhältnissen besteht, der eine Ungleichbehandlung zu rechtfertigen vermöchte. Zwar kann angesichts der beschränkten räumlichen Verhältnisse nicht jeder Glaubensgemeinschaft ein eigener Gottesdienst zustehen. Wenn aber bei den Inhaftierten der Anteil der Muslime wie hier bei 30 Prozent liegt, ist diesen die Möglichkeit zu gewähren, gemeinsam zu beten. Das Bundesgericht hiess deshalb eine Beschwerde in einem vergleichbaren, die Justizvollzugsanstalt Pöschwies betreffenden Fall gut (BGE 113 Ia 304 E. 4d).

Übungsfall 8: Austritt aus der römisch-katholischen Kirche

Die Religionsfreiheit umfasst nicht nur das Recht, einer Glaubensgemeinschaft beizutreten (BV 15 Abs. 3), sondern auch, wieder aus dieser auszutreten (vgl. BV 15 Abs. 4). Der Austritt aus der Kirche bewirkt die Aufgabe von Rechten und Pflichten gegenüber der Kirche. Der Austritt nach staatlichem Recht erstreckt sich damit nur auf die Kirche als privat- oder öffentlich-rechtliche juristische Person. Ob die austretende Person weiterhin einer nach geistlichem Recht verfassten Kirche angehört, ist aus staatlicher Sicht unbeachtlich. Daher muss eine Austrittserklärung auch nur die staatliche Organisation der Kirche umfassen. Ein zusätzlicher Austritt aus der römisch-katholischen Konfession darf gemäss einem Urteil des Bundesgerichts in einem vergleichbaren Fall nicht verlangt werden (BGer v. 9. Juli 2012, 2C_406/2011, E. 8). Die Einschätzung der Kirchgemeinde erscheint insofern als überspitzt formalistisch.

Übungsfall 9: Kein Kopftuch ohne Praktizieren

Die Glaubens- und Gewissensfreiheit erlaubt jedem Einzelnen, religiöse Gebote und Gebräuche der Gemeinschaften, der er angehört, voll, teilweise oder gar nicht zu erfüllen. Der Staat darf nicht vorschreiben, in welchem Ausmass die Schülerinnen ihre Religion zu leben haben (vgl. den expliziten Wortlaut von BV 15 Abs. 4). Die Regelung stellt daher einen unzulässigen Eingriff in die Glaubens- und Gewissensfreiheit dar.

Übungsfall 10: Stopp der israelischen Siedlungspolitik

Das Aushängen von Plakaten ist eine Form der Meinungsäusserung und fällt damit in den Schutzbereich von BV 16 Abs. 2. Damit verbunden ist ein bedingter Anspruch auf gesteigerten Gemeingebrauch, nämlich die Nutzung der Bahnhofswand. Die Schweizerischen Bundesbahnen sind grundrechtsgebunden, da sie staatliche Aufgaben wahrnehmen (BV 35 Abs. 2).
Die Verweigerung der Bewilligung des Plakataushangs stellt eine Einschränkung der Meinungsfreiheit dar, die nur zulässig ist, wenn sie auf einer genügen-

den gesetzlichen Grundlage beruht, im öffentlichen Interesse liegt und verhältnismässig ist. Die von den SBB im vorliegenden Fall angeführte Grundlage ist genügend bestimmt. Das von den SBB vorgebrachte öffentliche Interesse an der Aufrechterhaltung einer «corporate identity» ist grundsätzlich zulässig und der Eingriff insoweit auch geeignet. Das öffentliche Interesse an politischer Information ist allerdings höher zu werten als eine allfällige Schädigung der «corporate identity» der SBB. Damit ist das ausgesprochene Verbot der SBB nicht verhältnismässig und stellt einen ungerechtfertigten Eingriff in die Meinungsfreiheit der Aktion Palästinasolidarität dar.

Nach der Auffassung des Bundesgerichts kommt ein generelles Verbot von Plakaten zu aussenpolitisch heiklen Themen im Hauptbahnhof sogar einer verbotenen Zensur gleich (BGE 138 I 274 E. 3.4.1). Dabei ist jedoch zu beachten, dass nicht jeder unzulässige Präventiveingriff in ein Kommunikationsgrundrecht eine verbotene systematische Vorzensur nach BV 17 Abs. 2 darstellt. Die SBB möchten zwar die entsprechende aussenpolitische Aussage auf ihren Plakatwänden entfernen, jedoch nicht generell vom öffentlichen Diskurs ausschliessen. Damit ist nicht zwingend von einer Kerngehaltsverletzung zu sprechen (GIOVANNI BIAGGINI, ZBl 114 [2013] 176, 180). So wäre es z.B. ohne Weiteres zulässig, wenn die SBB einen offenen Aufruf zur Gewalt auf ihren Plakatwänden verbieten würden.

Übungsfall 11: Aufruf gegen «Justizwillkür»

Die Sicherstellung der Flugblätter tangiert die Meinungs- und Informationsfreiheit der Aktivisten. Der Inhalt der Flugblätter spielt dabei grundsätzlich keine Rolle. Soweit damit jedoch unqualifizierte Vorwürfe gegen Justizorgane verbreitet werden sollen, ist dies im Rahmen der Interessenabwägung zu berücksichtigen.

Die Beschlagnahmung der Flugblätter stellt einen präventiven Eingriff im Einzelfall dar. Soweit damit konkret nachweisbare und unmittelbar bevorstehende Verletzungen fundamentaler Rechtsgüter verhindert werden sollten, fällt er nicht unter das absolute Verbot systematischer Vorzensur gemäss BV 17 Abs. 2. Ein präventiver Eingriff in die Meinungs- und Informationsfreiheit ist nur unter den Voraussetzungen von BV 36 zulässig:

1. Im vorliegenden Fall besteht mit dem kantonalen Polizeigesetz eine genügende gesetzliche Grundlage. Der Sachverhalt enthält keine Anhaltspunkte dafür, dass das Gesetz zu wenig präzis abgefasst wäre.

2. Die Polizeiorgane können für die Beschlagnahmung die Aufrechterhaltung der öffentlichen Ordnung und Sicherheit anführen, ebenso den Schutz der privaten Interessen der im Flugblatt erwähnten Richter sowie des Gerichtsschreibers.
3. Entscheidend ist damit, ob der Eingriff verhältnismässig ist.
   - Die Eignung der Massnahme steht vorliegend ausser Frage.
   - Kritischer erscheint die Voraussetzung der Erforderlichkeit. So könnten sich die Betroffenen im Sinn einer milderen Massnahme nachträglich über den Tatbestand der Ehrverletzung gegen die Verbreitung der Flugblätter zur Wehr setzen. Ein nachträgliches Verbot des Flugblatts erscheint allerdings nicht in gleicher Weise geeignet, die betroffenen Interessen zu schützen, zumal im Flugblatt nicht nur die Namen der Betroffenen, sondern auch deren Privatadressen genannt werden, die unter Umständen nicht ohne Weiteres aus öffentlichen Verzeichnissen ersichtlich sind. Ein präventiver Eingriff im Einzelfall ist in einem solchen Fall insbesondere dann gerechtfertigt, soweit man im fraglichen Flugblatt einen Aufruf zur Gewalt erblickt. Diesfalls wäre eine unmittelbar bevorstehende Verletzung fundamentaler Rechtsgüter nicht auszuschliessen. Die im Sachverhalt zitierten Passagen bieten dafür allerdings zu wenig Anhaltspunkte. Von daher scheitert die Beschlagnahmung am Erfordernis der Erforderlichkeit.

Das Bundesgericht kam in einem ähnlichen Fall zum Schluss, der präventive Eingriff sei gerechtfertigt gewesen (BGer v. 29. August 2008, 1C_434/2007, E. 3.4).

Übungsfall 12: Einbürgerung behinderter Kinder

Schliesst man eine geistig behinderte Person mangels eigenen Willens von vornherein vom Einbürgerungsverfahren aus, stellt dies eine indirekte Diskriminierung dar. Das Anknüpfen an ein verpöntes Merkmal – wie vorliegend die Gruppe geistig Behinderter – verletzt das Diskriminierungsverbot gemäss BV 8 Abs. 2, wenn kein qualifizierter Rechtfertigungsgrund vorliegt. Daher ist in jedem Fall aufgrund der konkreten Umstände zu prüfen, ob die Verweigerung des Bürgerrechts ein gewichtiges und legitimes öffentliches Interesse verfolgt und verhältnismässig ist. Eine geistige Behinderung darf im Sinn eines Automatismus weder zur Erteilung noch zur Verweigerung des Bürgerrechts führen.

Im konkreten Fall ist zu prüfen, ob die Einbürgerung im klaren Interesse von Milena liegt. Ist dies wie vorliegend der Fall, und verfolgt die Verweigerung der Einbürgerung kein gewichtiges öffentliches Interesse, so ist sie weder erforderlich noch verhältnismässig, um die vorgenommene Diskriminierung von Milena als geistig Behinderte zu rechtfertigen. Eine Beschwerde an das Bundesgericht erscheint demnach als aussichtsreich (vgl. BGE 139 I 169 E. 7).

Übungsfall 13: Shisha-Bar

Der Anspruch auf Rechtsgleichheit in der Rechtsetzung gemäss BV 8 Abs. 1 umfasst neben dem Gleichbehandlungs- das Differenzierungsgebot. Der Gesetzgeber verletzt letzteres dann, wenn er eine Unterscheidung unterlässt, obwohl sie sich angesichts der tatsächlichen Verhältnisse aufdrängt. Das Verfassungsgericht hat damit zu prüfen, ob der Gesetzgeber Ungleiches verbotenerweise gleich behandelte. Um festzustellen, ob Ungleiches vorliegt, muss geprüft werden, ob mit Blick auf den Schutz vor Passivrauchen ernsthafte sachliche Unterscheidungsmerkmale zwischen den Barbetrieben mit einem Angebot von Wasserpfeifen und anderen Gaststätten bestehen. Aufgrund des vergleichbaren Gefährdungspotenzials für die Gesundheit von Drittpersonen hielt es das Bundesgericht in einem ähnlichen Fall für gerechtfertigt, das Rauchen von Shishas in tatsächlicher Hinsicht dem Rauchen anderer Tabakwaren gleichzusetzen. Es hat deshalb eine Verletzung des Differenzierungsgebots verneint (BGE 136 I 17 E. 5.3).

Übungsfall 14: Grundstückgewinnsteuer

Das Verwaltungsgericht würde die Beschwerde wahrscheinlich abweisen. Ein Widerspruch zwischen verschiedenen Entscheidungen über gleichartige Tatbestände kann nämlich nur dann gerügt werden, wenn die sich widersprechenden Entscheidungen von *derselben* Behörde ausgehen (BGE 102 Ia 38 E. 3d). Nach der bundesgerichtlichen Rechtsprechung schliesst das Rechtsgleichheitsprinzip nicht aus, dass die einzelnen Gemeinden oder Kantone zur gleichen Materie verschiedene Regelungen erlassen; dies ist eine Folge der föderalistischen Struktur der Schweiz (BGE 133 I 249 E. 3.4). Nicht zulässig ist allerdings, Einwohnerinnen und Einwohner einer Gemeinde oder eines Kantons einzig aufgrund ihres Bürgerrechts unterschiedlich zu behandeln (BV 37 Abs. 2).

Übungsfall 15: Milde für den «Schwarzen Block»

Ein Richter muss in den Ausstand treten, wenn der Anschein der Befangenheit besteht, weil entweder eine nahe Beziehung zu einer Partei oder zum Verfahrensgegenstand vorliegt. Vorliegend ergibt sich eine Nähe zum Gegenstand des Verfahrens durch Schneiders öffentliche Äusserung. Es kann zwar einem Richter nicht verwehrt werden, in der Öffentlichkeit seine politische Meinung zu vertreten. Äussert er sich jedoch in einer Weise, dass bei einer Prozesspartei ein berechtigtes Misstrauen in seine Unvoreingenommenheit erweckt wird, sollte er von sich aus oder zumindest auf entsprechendes Begehren in den Ausstand treten. Da Peter Schneider mit der Unterzeichnung des öffentlichen Aufrufes bereits eine milde Haltung gegenüber den Mitgliedern des «Schwarzen Blocks» zum Ausdruck brachte, ist nicht mehr gewährleistet, dass er als Richter Straftaten, an denen solche Mitglieder möglicherweise beteiligt waren, mit der notwendigen Unvoreingenommenheit beurteilen kann (vgl. den ähnlich gelagerten Fall Herzog in BGE 108 Ia 48 E. 2b). Eine Beschwerde erscheint daher durchaus als aussichtsreich.

Übungsfall 16: Taxitarife

Die neue Taxiverordnung würde einen festen Preis für die Taxidienstleistungen in der Stadt St. Gallen vorsehen. BV 94 schützt insbesondere den Preiswettbewerb, d.h. die Möglichkeit, den Preis für Wirtschaftsgüter nach marktwirtschaftlichen Wettbewerbsregeln festzulegen (vgl. auch BV 96). Die von der Stadt beabsichtigte Tarifordnung bezweckt zwar den Schutz von Treu und Glauben im Geschäftsverkehr, bewirkt jedoch auch die Unterbindung des Preiswettbewerbs, indem alle Taxibetriebe verpflichtet werden sollen, ihre Dienstleistungen zum gleichen Preis anzubieten. Die geplante Tarifordnung verletzt daher den Grundsatz der Wirtschaftsfreiheit.

In einem die Zürcher Taxiverordnung betreffenden Entscheid stellte das Bundesgericht erstmals nicht bloss auf das Motiv der Massnahme, sondern auf deren Auswirkungen ab (BGer v. 17. Mai 2011, 2C_940/2010, E. 4.7).